胡景天 ◎编著

How Many Trump Cards Does Your
Enterprise Have

你的企业有几张王牌

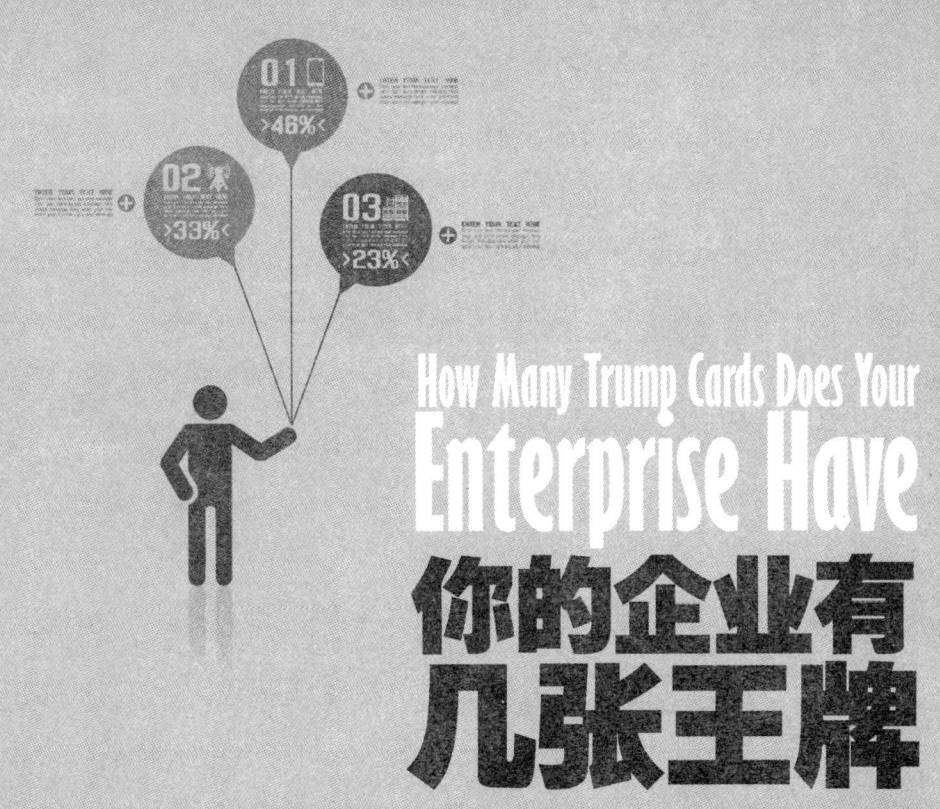

管理是一项极其复杂的工作，一定要学习企业的危机管理之道。
握紧了这张王牌，
你的企业就会在稳健中更加成功。

中国华侨出版社

图书在版编目（CIP）数据

你的企业有几张王牌／胡景天编著．—北京：中国华侨出版社，2014.7

ISBN 978-7-5113-4775-6

Ⅰ.①你… Ⅱ.①胡… Ⅲ.①企业管理 Ⅳ.①F270

中国版本图书馆 CIP 数据核字（2014）第 153029 号

● **你的企业有几张王牌**

编　　著／	胡景天
责任编辑／	文　蕾
封面设计／	智杰轩图书
经　　销／	新华书店
开　　本／	710 毫米×1000 毫米　1/16　印张 18　字数 220 千字
印　　刷／	北京溢漾印刷有限公司
版　　次／	2014 年 9 月第 1 版　2014 年 9 月第 1 次印刷
书　　号／	ISBN 978-7-5113-4775-6
定　　价／	32.80 元

中国华侨出版社　　北京朝阳区静安里 26 号通成达大厦 3 层　　邮编 100028
法律顾问：陈鹰律师事务所
编辑部：（010）64443056　　64443979
发行部：（010）64443051　　传真：64439708
网　　址：www.oveaschin.com
e-mail：oveaschin@sina.com

前言

不知你想过没有，为什么李嘉诚、张瑞敏、史玉柱、张勇这些人可以在商业领域风生水起？为什么你自己却总是籍籍无名？实际上，他们这些人之所以能够成功，他们所管理的企业之所以能够成为各自行业当中的翘楚，是因为他们各自拥有自己的王牌。

李嘉诚的王牌是战略眼光和风险意识。李嘉诚的长江实业在步步危机的房地产界叱咤风云了几十年，始终屹立不倒，最终李嘉诚成为了亚洲首富，其战略眼光的准确和极强的规避风险的能力是最为人们所称道的。

张瑞敏的王牌是品牌。在国人眼中，海尔是最纯粹的民族品牌，张瑞敏本人更是民族企业家当中最杰出的代表人物之一；在普通老百姓眼里，海尔就是最好的家电品牌，就是质量和服务的保证。而这，正是品牌效应的巨大威力。

史玉柱的王牌是营销。"今年过节不收礼，收礼只收脑白金"，"征途网络，网络征途"，恐怕这两句广告词没有人不能倒背如流吧。史玉柱把营销做到了极致，让他的产品真正做到了深入人心，于是，巨人集团有了今日的规模。

张勇的王牌是服务。海底捞也许是现如今中国最知名的餐饮企业了。作为一家火锅连锁店，海底捞每一家店面的门口每一夜都有长龙一般的顾客在排队，而且这些顾客在排队时却从来不曾有过任何的怨言，这样的服务质量是张勇的王牌，更是张勇的本事。

他们每个人都有自己的王牌，你，有吗？他们是中国最著名的企业家，你，是谁？你的企业有几张王牌？不妨这样问问自己。要想让自己的企业做大做强，这个，必须先弄清。

本书运用鞭辟入里的分析和真实详尽的案例总结了文化意识、品牌效应、战略规划、管理体系、收揽人才、危机意识、资源配置、营销渠道八张企业经营与发展必备的王牌。拥有了这八张王牌其中的任何一张，你的企业都可以得到长足的发展，如果八牌齐出，又何愁不能功成名就，成为李嘉诚、张瑞敏、史玉柱、张勇式的商界翘楚呢！

王牌一　文化意识
——主流引导，树立优秀文化精神

　　杰出而成功的企业都有强有力的企业文化。企业文化是全体员工共同遵守，但往往是自然约定俗成的而非书面的行为规范。在约束员工的行为方面，企业文化往往比规章制度更有效。因为在规章制度约束下的员工，对待工作的心态往往是"我需要如何做"，而在企业文化浸润下的员工，对待工作的心态则往往是"我应该如何做"。其中的高低一望可知。因此，企业文化意识是你应该着力打造的第一张王牌。

文化环境决定企业的未来／2

树立企业文化，约束员工行为／6

授人以渔，打造学习型企业／10

用内部竞争铸造企业核心文化／14

让尊重成为员工的行事准则 / 18

感恩，企业最应强调的品质 / 22

打造充满人性化色彩的企业文化 / 26

王牌二　品牌效应
——树立品牌，打造行业良好口碑

品牌是一家企业的DNA，而这样的DNA所要灌输的是企业的一种精神，一种文化，如果我们能让这样的DNA融入到企业上上下下，甚至是消费者手中，那么，企业的产品就能形成一种潮流，企业经营就能长盛不衰。

没有品牌，就没有企业的明天 / 32

品牌是最好的营销方式 / 36

品牌是对客户的承诺 / 42

品牌可以为企业带来巨大的利润 / 47

独辟蹊径寻找独一无二的品牌 / 51

集中力量开发拳头产品 / 56

丰富产品类别，完善品牌效应 / 61

赞助公益，打造企业品牌的正面形象 / 66

做好品牌的同时，还要做好品牌维护工作 / 70

王牌三 战略规划
——高瞻远瞩，制定高端前沿策略

下围棋，走一步看一步的人是庸手，走一步看三步的人是高手，走一步看十步的人是国手。那些商业领域的"国手"，那些成功的企业家，无一例外都是走一步看十步的人，这就是战略规划。战略规划能力决定着你是否有资质成为一个真正成功的企业家，战略思维也正是那些站在商业领域顶端的企业家和普通人之间最大的差异所在。

单纯的模仿不会取得成功 / 76

步子迈得稳，企业才能走得远 / 80

创新是企业长久发展的唯一出路 / 82

与时俱进：企业发展战略的核心思想 / 85

节约：企业发展的战略基点 / 89

依靠独特定位，避实击虚占领市场 / 92

打造朝气蓬勃的"机动型"企业 / 96

做企业，要能委曲求全以小博大 / 99

"浮躁心态"让企业铸成大错 / 103

"投机心态"会毁了企业的前途 / 104

"自以为是"让企业万劫不复 / 107

王牌四　管理体系
——优化体制，完善企业制度规范

　　企业是一个商业实体，更是一个由各种各样不同的人所组成的团队。而作为企业管理者的你，就是这个团队的带头人。管理是一门艺术，更是一项极其复杂的而且极其费心劳神的工作。而身为管理者的你，也就自然需要抓住管理体系这张王牌。否则，你既管不住手下的团队，也开不走企业这艘航船。

让员工按规章制度行事 / 112

执行力是企业的硬实力 / 115

对所有的员工一视同仁 / 119

别让内耗毁了企业 / 123

集中精力处理主要问题 / 128

成功的企业离不开细节管理 / 131

狠抓质量管理，对消费者负责 / 134

创新管理，一成不变就会惨遭淘汰 / 138

做好服务管理，在细小处征服客户的心 / 143

永远不要放松企业的资金管理 / 147

王牌五　收揽人才
——团结协作，建立高效智能团队

任何企业的发展都离不开人才。俗话说，"千军易得，一将难求"。作为招揽和带领这些人才的管理者，有必要掌握选择人才、运用人才和管理人才这张王牌。只有这样，企业中的每个员工才能最大限度地发挥自己的优势，合理地避免自己的劣势。只有这样，企业也才会保持蓬勃向上的活力，获取更高的效益。

管理者成功的关键是善于用人 / 152

丰富的人力资源让企业立于不败之地 / 156

用人要着眼于其自身的长处 / 159

把最合适的人安排在最合适的岗位上 / 163

"人品"是衡量人才的重要标准 / 166

浪费人才是一种"犯罪" / 172

请善待自己的员工 / 175

让团队成为温暖的大家庭 / 179

授权——企业领导的必修课 / 183

王牌六　危机意识
——防微杜渐，时刻保持忧患意识

在商场上，实力比你强的企业多如牛毛，你又怎敢保证自己会在商战当中无往而不利呢？要知道，你可能早晚会有居于劣势，陷入困境的那一天。因此，就算是未雨绸缪，你也非常有必要提前培养自己的忧患意识，学习一下企业的危机管理之道。握紧了这张王牌，你的企业就会在稳健中愈加成功。

赌徒心态是生意场上的大忌 / 188

高瞻远瞩，把危机扼杀在萌芽之中 / 191

认清自己的实力，别逞强 / 194

没有退路不等于必死无疑 / 197

危机，同样也是你发展的契机 / 200

保持忧患意识，才能永远向前 / 203

把风险控制在手心里 / 208

王牌七 资源配置
——环环相扣，合理利用优化资源

象棋是这样一种游戏，对弈双方手中所掌握的资源数量是相等的，只有那些最善于把手头有限的资源进行优化配置，使其发挥出最强大的战斗力的棋手，才能够战胜自己的对手。实际上，经营企业也是一样，只有那些善于合理配置手中的资源的管理者，才可以让企业爆发出最大的能量，以最快的速度向前发展。

商战中，资金就是你的粮草 / 214

在商场中，信息具有无可估量的价值 / 217

见缝插针，不放过任何一个发展的机遇 / 221

通过真诚合作，壮大自身实力 / 225

协调集中多方力量，才能做成大事 / 229

别拿时间不当钱花 / 234

节流和开源同样重要 / 238

王牌八　营销渠道
　　——拓宽市场，潜心挖掘潜在客户

　　作为企业的管理者，你可能需要为自己卖不出产品而犯愁。的确，从管理到决策到资金，这一切的一切其实都是为营销而服务，产品卖不出去，说什么都是白搭。相反，如果你拥有了营销这张王牌，你的企业绝对可以在商场上无往而不利，财源滚滚。

营销是企业未来发展的保障 / 244

永远不要做那些"想当然"的事情 / 248

给你的产品在市场中找个位置 / 252

让所有人都知道你的产品 / 255

想方设法吸引消费者的注意 / 259

热情服务，顾客也会帮你营销 / 263

做好售后，赢得最忠实的客户群体 / 267

针对营销需求，设计营销渠道 / 271

王牌一
文化意识
——主流引导，树立优秀文化精神

　　杰出而成功的企业都有强有力的企业文化。企业文化是全体员工共同遵守，但往往是自然约定俗成的而非书面的行为规范。在约束员工的行为方面，企业文化往往比规章制度更有效。因为在规章制度约束下的员工，对待工作的心态往往是"我需要如何做"，而在企业文化浸润下的员工对待工作的心态则往往是"我应该如何做"。其中的高低一望可知。因此，企业文化意识是你应该着力打造的第一张王牌。

文化环境决定企业的未来

企业的文化是一种可以影响员工思维的力量。它虽然不能在短暂的时间里，改变一个员工，但是从长远来看，它会左右一个员工的最终走向，并且让他逐渐变得优秀。正因为如此，我们才说，好的企业文化环境，是员工成长的温床，更是一家优秀的企业所必须具备的一张有效王牌。

一个人从出生开始，就会拥有思想；一家企业从创建开始，就会拥有企业文化，而好的企业文化会伴随着企业的发展不断壮大，最终甚至会决定一家企业的未来。

企业文化虽然看似空洞，但它其实却是企业的最强"内功"，是企业发展的一张最有效的王牌。一家企业想要长期处于不败之地，就一定要利用好自己手中的这张王牌，公司领导要能创建出与企业相匹配的文化，这样才能让员工认可企业，安心工作，为企业的发展做出自己最大贡献。

孟子小时候失去了父亲，母亲则依靠纺纱织布来维持家庭生活。年幼的孟子不懂世事，每天和孩子淘气玩耍，根本就不知道专心学习。孟母无奈之下，就决定搬家。

一开始搬家的地方离一家铁匠铺不远，孟子耳濡目染之下，就学铁匠样子打起铁来，孟母看到之后，觉得这个地方还是不适合儿子，又决定搬家。

第二次搬到的地方是一片旷野，非常宁静，但在当时，恰好赶上清明节，旷野上来了很多扫墓的人。孟子看到之后非常好奇，照猫画虎地学了起来。孟母感觉这里也不妥当，于是，就再次搬家。

第三次搬家，孟母把家搬到了一家私塾附近，并且把孟子送到私塾里读书，但是好景不长，孟子又贪玩了起来，索性逃学不去上课了。

孟母见儿子如此，非常生气，就把孟子叫到自己织布机旁边，拿起剪刀，把织布机上的布匹剪断了："不好好读书的人，长大成人之后就像这些被剪断的布一样，没有丝毫用处，得不到别人的赏识。"

孟子听到母亲的话，感触良多，也了解到了母亲三次搬家的真正含义，从此开始奋发读书。经过多年努力，孟子终于学有所成，成为中国历史上非常有名的学问家。

环境对人可以产生深远的影响，就如同蔬菜放到不同的坛子里面去浸泡，最后，浸泡出的味道肯定是不同的。人也是如此，如果把一个人放到良好的环境中去培养，这样的环境就会促使他走向成功；如果把这个人放到恶劣的环境中去培养，这个人要想取得成功就会变得非常困难。

我们有时会看到某些公司的员工，工作能偷懒就想着办法偷懒；做工作的时候，也只是做到差不多就行了等等，员工的主观态度也许是最主要的原因，但企业的文化环境，对于这种现象的发生也有不可推卸的责任。因为他看到周围人都这样，所以他才敢这么去做，他这样做的同时，也没有受到什么样的谴责或产生什么对自己不利的结果，所以才会不断纵容他去这么做。如果一家企业不把文化环境培养放到重要的位置上，那么，这家企业的经营很容易陷入困境。当然，更有可能出现的情形是，如果一家企业拥有着良好而积极的文化环境，这样员工会拥有更饱满的工作状态，而企业也会拥有更高的生产效率。

杨娟是一个农村女孩，出门打工时只有20岁，那时的她非常任性，是个典型的"叛逆者"。但五年之后她终于衣锦还乡，杨娟自身所展现的改变全村人都有目共睹，杨娟现在非常的懂礼貌，而且性格温和，做事也非常有条理。这不禁让杨娟的父母非常欣慰，他们不知道到底是什么改变了自己的女儿，成就了孩子现在的性格。

原来杨娟在五年前来北京找工作，由于自身学历低，找到满意的工作非常难，最后在朋友建议下，她去了附近的一家快餐店工作。

在工作期间，杨娟曾也想过不做服务行业，但是这家快餐店良好的企业文化却深深地吸引着她继续待在那里。有一次杨娟因为情绪不好，加上天生的坏脾气，工作中与一位同事发生了口角，而且还得罪了一个顾客，彼此之间弄得很不愉快。杨娟本以为这次自己肯定会被"炒鱿鱼"的，但出乎意料的是，领导不仅没有开除她，还非常细心地了解事情的缘由，并诚恳地安慰杨娟。

就是因为如此，杨娟打消了离开的念头，而是以兢兢业业的态度去做自己的工作。在这家快餐店独特企业文化环境的熏陶下，杨娟也开始改变自己，她不再那么任性，哪怕自己不开心了，她也学会有效自我调节，每天乐观地去面对每一个人和每一件事。

杨娟的很多朋友都说杨娟不应该一直待在一个地方，应该找个更能够锻炼自己的工作。每次听到朋友的劝告，杨娟总会说："谢谢你们的好意，但是我感觉在这家快餐店上班，我能够学到很多在其他行业很难学到的东西，这里就像我的家，我暂时不会离开。"其实，只有杨娟知道自己到底能收获什么，品行、修养、内涵……

从杨娟的故事中，我们可以看出，正是这家快餐店这样良好的文化环境，让她从一个普通的普通人一步步变成了优秀员工。也正是这份独有的文化环境，吸引像杨娟这样的人，愿意留在这样的企业里，为企业的发展贡献自己的力量。

对于每一个企业来讲都是如此，哪怕两个企业起点是一样的，但如果企业内部的文化环境不同，那么时间一长，两者之间的差距也就显而易见了。一个好的企业文化能培养出色的人才，员工工作心情舒畅，而企业也会拥有最好的效率。而一个企业文化稍微逊色的企业，员工不会有非常稳定的工作状态，而这种情况，也必然会最终影响企业的运营。一个企业要想在各个竞争者中立于不败之地,要想在商业之林中长久不衰,就必须打好手中的这张王牌——文化环境。

树立企业文化,约束员工行为

企业如果不懂得对员工行为进行约束,其结果是非常可怕的。缺少了应有的标准,员工的行为就很容易变得散漫。如果让这种消极怠慢的气氛充斥工厂的每个角落,那势必会影响企业的生产效率。预防这种情况出现的最好方式,就打造好属于企业的特有文化。

从教科书上,我们可以了解到,企业文化包括组织内独特传统、价值观念以及员工行为规范等。打造企业文化,就是给自己的员工树立起基本的行为规范。有这些文化作为引导,员工就会很容易找到自己的角色。他会时刻衡量自己的行为是否符合企业所要求的规范,他会时刻以企业所提出的要求作为自己不断追逐的目标。

拥有良好的企业文化,无疑是管理者手中一张有效的王牌。无论什么样的人,到达一个工作岗位,很容易进入状态,企业的管理也就会更轻松并且富有效率。相对那些缺乏文化建设的企业，他们的管理也就有可能遇到更多的问题。

欧洲某些国家的公共交通系统售票都是自助的，也就是说你想到哪个地方，根据目的地自行买票，没有检票员，甚至连随机性的抽查都非常少。

一位外国留学生发现了这个管理上的漏洞，他非常高兴不用买票就可以坐车到处溜达，在留学期间，他最终一共因逃票被抓住三次。

毕业后，他试图在当地寻找工作。向许多跨国公司投了自己资料，可都被拒绝了，一次次的失败，使他感到非常愤怒。

最后一次，他冲进了一个人力资源部经理的办公室，要求经理给他一个拒绝的理由。

"先生，我们并不是歧视你，相反，我们很重视。因为公司一直在开发贵国市场。不过我们查了你的信用记录，你有三次公车逃票记录。"

"我不否认这个。但这是一点小事。"

"小事？我们并不这样认为。第一次逃票是你刚来后的第一个星期，相信了你的解释，只是给你补了票。但在这之后，你又逃票两次。"

"那时我口袋中没有零钱。"

"不、不，先生。我不同意你的解释，你在怀疑我的智商。我相信你可能有数百次逃票经历，而这只是其中被发现的次数。"

"那也罪不至死吧？以后改还不行？"

"不，先生。这能证明了两点：一、你不尊重规则，你善于发现规则漏洞并恶意使用；二、你不值得信任，而我们公司许多工作是必须依靠信任来进行的。如果你负责某个地区市场开发，公司就会赋予你许多职权。我们没办法设置复杂的监督机构，所以我们没办法雇佣你。在这个国家甚至整个欧盟，都没人会冒这个险的。"

这个年轻人所面对的，就是缺乏约束的情形。当发现这个管理上的漏洞之后，他就加以恶意利用，他的行为显然逾越了当时社会行为的标准。不过最终他为自己的投机行为，付出了惨重的代价，他不能在当地寻找到一份稳定工作，相信这已远远超出逃票所带给自己的好处。欧美国家有着完善而健全的信用体系，任何违规的行为都很容易留下记录，这也成为那些企业聘请员工的重要考虑因素。

在企业文化建设方面，惠普公司可以称得上是企业界的一把标尺，同时也是众多企业效仿的榜样。惠普公司创立于20世纪40年代，由毕业于斯坦福大学的一对校友威廉·惠莱特和大卫·普克德筹资创办。

公司刚刚创立时，惠莱特和普克德就明确出了公司的价值观和经营理念，并且把这一价值观与经营理念具体体现在了他们对员工的聘用和选拔中。换句话说，他们是按照一定的价值观标准来聘用和选拔公司人才。在生产过程中，他们不断对公司员工大

王牌一
文化意识——主流引导，树立优秀文化精神

力灌输企业宗旨和理念，使之最终成为惠普公司的核心观念。在日后的经营过程中，他们的价值观念对于企业的生产经营也确实发挥了非常积极的作用。

与此同时，惠普公司还不忘保持与时俱进，对企业文化进行及时调整和修改，以使其能够跟上时代发展步伐，让公司能够时刻摸准社会的脉搏。比如，进入90年代，惠普公司转变经营重点，着力在计算机领域寻求发展突破，时至今日，它已成为全球最大的电脑打印机制造商。随着公司规模的不断扩大，惠普总是不断调整公司的企业文化，培育出更丰富、更深邃的文化内涵，以使公司管理长期保持应有的稳定和效率。

同时，随着社会经济步伐的加快、市场环境的不断变化，惠普公司也在同样不断变革自身的文化体系。约翰·科特认为"经过调整后所形成的新型企业文化体系，其主流趋势使得管理对市场经营环境反馈更加及时。因此，它也是一种比原有企业文化更高水平、更有效率、更好适应市场环境的企业文化。"

惠普公司所走过的发展历程与所取得的骄人业绩从实践角度证明了：在公司内部建立具有强大感染力的企业文化是企业取得成功的"金科玉律"。企业文化能够代替企业领导和企业规章制度来约束员工，改造员工，让员工自觉地去适应自己的工作岗位，自觉地按照岗位的要求来完善自己的能力，而企业也就在不知不觉中完成了庞大而又复杂的人力调配工作。通过企业文化建设，也可以极大提高企业的管理效率，当所有员工，都明白自己应该

9

怎么做，自己的行为应该遵循什么样标准的时候，那企业的管理者就会减少很多不必要的麻烦，其生产效率会因此而提高很多。

授人以渔，打造学习型企业

学习是对自我的一种改变和超越。一个人如果懂得学习，他就会不断丰富自己的内涵，增长自己的经验，他的人生之中，也就更容易取得显著成绩。如果一个企业懂得学习，将学习纳入企业的文化，通过采取各种方式来不断增加员工知识素养，那么它在未来的市场竞争中，必然能绽放出永葆青春的活力。

打造学习型的企业文化，已经成为当前管理学中，最为流行理论内容。现在已经有越来越多的企业认识到对员工进行持续的培训，对于企业长远发展的重要。

通过培训，让员工具备更专业的技术水平，通过学习，让员工自身素养获得长足进步，拥有一个这样高素质的员工队伍，无疑是任何一个企业都梦寐以求的对象。他们会在激烈的市场竞争中，发挥出所向披靡的内在力量。已经有越来越多的西方企业从这种学习型组织结构中尝到甜头，他们把这种学习型的企业完全地融合到自身的企业文化之中。同时，也有更多的企业，看到了企业未来这种发展趋势，正在逐步加入到这个扩大的队伍当中。

　　IBM每年为员工在培训方面的投入多达20亿美元，不仅创建各类培训学院，还建立了网上大学，采取"自助餐式培训"方式，为员工培训提供更多便利，正是通过这种灵活多样的学习方式，使企业能够获得对自身发展最为重要的人才。摩托罗拉公司花在培训方面的资金超过美国工业企业平均水平的四倍还多，每年用于教育培训费用超过10亿美元，其著名的大学已有14个校区，分布于世界各地。西门子公司同样把培训看作自身竞争力的重要因素之一，它在国内外共拥有600多个培训中心，开设50余种专业培训课程，每年参加各种定期和不定期培训的员工多达15万人次。资料显示，全球500强企业中，50%以上都是学习型企业。美国排名前25位的企业中，80%是学习型企业。全世界排名前10的企业，全部都是学习型企业。我国的海尔、联想、宝钢、小天鹅等知名企业已充分认识到学习对于自身发展的重要性，在实践中积极探索建立适合自身特点的学习型企业文化。可以说，重视员工学习培训，正是这些企业获取成功的关键因素之一。

　　毫无疑问，时间进入21世纪，随着科技进步和知识更新速度加快，无论是创业，还是守业，一定要树立起学习型的企业文化，不断更新自己的知识，才能适应日趋激烈的竞争环境。作为员工，只有通过不断学习，使自己成为"知识型员工"，才能增长自己的"含金量"，在取得更好工作成绩的同时，也获得一份更好的收益。上海复星高科技有限公司董事长郭广昌先生曾说过这样一句话：

"现代企业之间最核心的竞争,就看谁能比竞争对手学习得更快!"足以体现出,学习的意识,在当代企业管理者中被重视的程度。

一个企业内员工学习的过程,就是员工之间思想不断交流、智慧火花不断碰撞的过程。萧伯纳有句名言:"两个人各拿一个苹果,互相交换,每个人仍只有一个苹果;两个人各自拥有一个思想,互相交换,则每个人就拥有两个思想。"如果企业中每个成员都能把自己掌握的知识、技能拿出来和其他成员分享,企业的智慧势必增大,最终就会产生出 1+1>2 的效果,个体的智慧得到增长,团队智商就会大大提高,最后呈现整体大于部分之和的局面。

现在,一个崭新的观点正在被越来越多的企业所认可,那就是:"培训是最大的福利。"很多企业也不惜重金使员工接受这种新的观念,促进、鼓励他们不断地充实新的知识。培训是一种间接投资,虽然培训不是今天投 1 万元,明天就立刻能产出 2 万元的利润,但是只要坚持下去,那些善于学习的团队一定是最后的赢家。

广州白云电气集团代表曾高飞在一次学术讨论会上,谈到企业文化,他提出培训和学习是企业文化中重要不可或缺的部分。他指出,随着科学技术迅猛发展和全球经济一体化步伐加快,企业的生命周期正在变得越来越短,在任何行业,已经不可能长时间让一两家大型企业保持一枝独秀的局面。面对日益剧烈、变化不定的环境,企业要想获得生存,要想保住自己的市场地位,其学习新知识的速度必须等于或大于周围环境变化的速度，这样能保证自己不落后于这个时代。

曾高飞指出，白云电气打造学习型企业的做法是，对于生产一线的员工，公司根据生产经营情况并结合未来发展可能制定出详尽的培训计划，并推行技术工人等级考核制度，实行优胜劣汰，以此督促员工保持持续的学习精神。同时，对各分公司合资公司班组长以上的管理人员也都会进行轮训，以保持管理人员应有的管理水平。

同样的情形，还发生在广州市绿茵阁餐饮连锁有限公司。为吸引人才，留住人才，绿茵阁实现从"输血"到"造血"，从"耗油"到"加油"的转变，他们有自己一套独特的做法，那就是两个层次培训格局。

公司董事长林欣介绍，所谓两个层次培训格局，一是"新工培训"，即刚进门的新工要接受三个月"新工培训"，内容包括公司历史与发展、薪酬福利、公司制度、劳动条例、企业文化以及实际操作等知识内容；第二个层次是"梯队培训"，根据餐饮行业人员流动性大的特点，尤其是基层管理人员缺口常常会突显的特点，在培训的过程中，常常会长期储备一定数量后备人才，这样既可以在员工内起到激励作用，同时对于企业未来的发展也可以起到一定的稳定作用。

在企业内部，培养学习型的文化，有效组织学习活动，会给企业自身带来巨大的活力，也会让企业在未来的发展，更容易获取巨大的成功。依据这种最强有力的市场竞争力，保持住自己在市场中的霸主地位。既然知识经济是时代发展的产物，是大势所趋，那么学习型企业文化建设就不再仅仅是某几个企业的事情，而是知识经济对现代企事业单位的普遍要求，是广大组织机构的"必修课程"。

给一个人一条鱼，只能喂饱他一天，教会一个人钓鱼的方法，才能使他一辈子不会挨饿。教授员工工作的方法，只能让他满足这个岗位的要求，教授他学习的方法，则会让他主动去寻找个人的进步。作为企业的管理者，只有学会授人以渔，才是自己获取长远有利发展的王道。

用内部竞争铸造企业核心文化

缺乏竞争意识的企业文化，也许可以保持表面的平和，但他却会窒息一个群体所应有的活力。如果不能从这种状态中走出，最后难免会陷入困境。作为企业的经营者，要学会使用一些特殊的方式，时常要给企业内部带来一些新鲜的刺激，让员工保持应有的活力，才能激发出一个组织所具有的最大潜能。

在很久以前，在挪威有一个小镇，小镇上的居民靠捕鱼为生。

王牌一
文化意识——主流引导，树立优秀文化精神

小镇紧靠大海，并以这里出产沙丁鱼而小有名气。在这里，当渔船归航的时候，如果沙丁鱼是活的，一定会被人们抢购一空，所卖的价格也非常不错。可遗憾的是，由于每次出海时间比较长，等到归来时，大多渔民所捕捞的沙丁鱼有很多会死去。正因为如此，对于活着的沙丁鱼，人们更是垂涎三尺。渔民们想尽各种方法，尝试着让沙丁鱼存活，但是无一人获得成功。

但在这些渔民当中，有一位渔民的沙丁鱼却总是活的，而且非常生猛，自然他的鱼每次都能卖到非常不错的价钱，他的钱包也总是赚得满满的。有许多人向他询问秘诀，不过他总是严守这个秘密，直到他死后，人们打开他的鱼舱，从里边发现了一条鲶鱼。经过反复研究，才终于知道让沙丁鱼存活的秘密。

原来鲶鱼进入沙丁鱼鱼槽后，由于对环境感到陌生，自然就会四处游动，也就会有所接触。大量的沙丁鱼一发现多了一个"异己分子"，自然就会紧张起来，大口呼吸，加速游动，整槽鱼都会因此上下游动。同时因为水面的不断波动，也为这些鱼带来了充足的氧气，如此这样，最后沙丁鱼就活蹦乱跳地回到了渔港。

在安逸的环境中，人们态度就会变得消极，当处在一个不断变化的环境中时，却可以极大程度地激发出一个人的斗志，这似乎是任何动物的本性，人也不例外。面对自然界不断变化的环境，只有调动起自身全部的神经与力量，才能发挥出一个人内在最大的潜能，同时也为自己未来的生存获取到最为有利的空间。没有"异己分子"在沙丁鱼周围的时候，它们根本不愿意游动，在颠簸

的航行中，在没有到达海港之前就会全部死掉；当一个"异己分子"出现，搅乱了他们生活的平静时，使它们产生了生存的危机感，激发了内在的潜能，通过不断运动，最后延长了自己的生命。在它们抵港时，还能保持活蹦乱跳的样子。

一个企业就像一个鱼槽，鲶鱼就是企业当中的竞争意识。如果人员长期保持稳定不变，工作局面也总是保持以前的样子，那就会缺乏新鲜感和活力，容易养成员工的惰性，生产效率低下，企业也就会缺乏竞争力。只有适当增加一些压力，制造一些竞争的氛围，员工才会有紧迫感，进而激发出进取心，整个企业因此而产生出应有的效率。想做到这一点，作为企业的经营者，就必须要适时引进你的"鲶鱼"，把内部竞争引入到企业的文化，营造一种充满竞争的环境，才能使自己拥有一个保持竞争力和战斗力的员工队伍。

美国一家钢铁厂面临倒闭，频繁更换几任总经理，花费了巨大的财力物力，仍然看不到什么效果，对于走向破产边缘的钢铁厂，所有人感觉已经黔驴技穷，一筹莫展。员工也都士气涣散，唯一能做的就是等待工厂宣布破产清算。

有一位总经理刚刚到任，看到这种情况，似乎也拿不出什么好的注意。不过在他参加过几次员工会议之后，发现了一个特有的现象。公司每次公布决策时，所有人似乎都不愿提出反对意见，管理者说什么他们就做什么，或者以前保持什么样子，现在依然保持什么样子，会议气氛总是死气沉沉。

王牌一
文化意识——主流引导，树立优秀文化精神

看到这种情况后，这位总经理果断作出一个决定，在公司以后的会议中，不再区分层级，每个人都有平等发言的权利。发现问题之后，谁能提出解决方案并且没有人能够驳倒他，他就是这个方案项目负责人，公司会给予他相应的权限以及物质上的奖励。

新制度出台后，平常静悄悄的会议逐渐出现了热烈场面。大家纷纷踊跃发言，争相对别人的提案进行反驳，有时候，为某个问题，双方会争得面红耳赤，有时甚至大打出手。但在最后走出会议室之前，大家又都会达成一个解决问题的共识，不管是同意还是反对，都要按照所达成的共识去执行。

执行这个政策一段时间之后，奇迹出现了，这家钢铁厂逐步走出了自己经营的困境，起死回生，甚至在几年后进入了美国最优秀的钢铁厂行列。

这家钢铁厂陷入经营困境的原因，就是因为企业文化中缺乏竞争意识，所有的员工都是人云亦云，不能发挥出个人力量，最后使企业失去应有的活力。这个总经理敏锐地察觉到这种情况，并且果断采取改正的措施。采取新的制度之后，所有的员工的积极性都被充分调动起来，大家纷纷为工厂的发展建言献策，针对各种意见进行激烈辩论，不过所有的冲突都控制在合理范围之内，最后不仅改变了工厂破产清算的命运，还因此获得了超越以往的发展。

在没有任何退路，只能背水一战的情形下，只有发掘自己内在的力量，才能找到自己生存的尊严。而这种竞争的意识，必然会极大程度鼓舞全部人员的士气。他们的智慧被空前激发，他们会拥有无穷的斗志，在他们不断的开创之中，必然也会为企业带来一个最美好的未来。一个优秀的管理者，必须在自己的企业文化之中，纳入竞争机制的内容，这样才能使企业在未来的发展中始终保持应有的活力。

让尊重成为员工的行事准则

当一个企业可以让尊重成为自己文化的一部分，那必然将迸发出庞大的生产力量。管理者懂得尊重自己的员工，员工懂得尊重工作与企业，那他们之间必然会产生最紧密的结合。"要想赢得别人尊重，首先就得先尊重别人。"当一个企业能够将这种尊重有效融入自己的企业文化之中的时候，它也就拥有了一张最强有力的王牌。

尊重是一种文化，中国作为文明古国，"知书达理"向来都是人们的基本行为规范。在彼此尊重之中，达成一个和谐的群体文化氛围，在彼此尊重之中，也使每个个体有充分展示自己的空间。

你敬我一尺，我敬你一丈。尊重作为一种企业文化，在管理之中，也同样可以发挥出重要的作用。只有"尊重"这种文化存在，员工才能尊重自己的公司，尊重自己的老板，尊重自己的同事，尊重自己的工作。在这样的环境氛围下，企业的生产经营会产生出最好的秩序，同时又能充分发挥个人作用，使企业拥有最好收益。

曾经有一位富有的商人在街上闲逛的时候，看到路边有一个卖铅笔的，那人衣衫褴褛，看上去非常的贫穷。这位富有的商人心生怜悯之心，于是，他过去随手丢给了那人10元钱，然后头也不回地离开了摊位。当他走出10米外的时候，他突然感觉自己作为商人，那样对待那个买铅笔的是不礼貌的。

于是，富裕的商人又走回去，并说自己忘记取铅笔了，让他不要介意。在富有的商人拿了铅笔即将离开的时候，他微笑着对买铅笔的老板说："其实，你和我一样，我们都是商人。"说完就离开了。

当铅笔老板听了这句话后，拿着自己的铅笔默默地离开了，没有人知道他去了哪里。

几年以后，当地商业界举行了一个商贾研讨交流会，那位富有的商人自然应邀出席，会上有一个西装革履，风度翩翩的男子走到他的面前："先生，非常感谢你，你或许已经忘记我了，而我也不知道你的名字。以前我一直以为自己就是一个推销铅笔的乞丐，但你的一句'我们都一样，都是商人'，让我拥有信心，而正是因为这样，才让我有了今天的成就。"

从这个故事里，我们就可以看出尊重所拥有的惊人力量，谁会想到商人简简单单的一句话，就能让一个人重获新生。尊重是最伟大的行为，它能给自卑者颓废的心灵一丝光彩，并且能够鼓舞他，让他不断向着未来目标前进。

企业中也是如此，如果一名员工犯了错，领导能够谦卑一些，保持自己的涵养，放下身段，说一些鼓励的话，而不是对员工颐指气使。那么，员工不仅不会自暴自弃，甚至还会对未来拥有更强大的信心，他的未来也许会取得更精彩的成就。而这恰恰是文化作为企业王牌的力量显现。

可以想一下，在企业中，如果每一位员工都能做到尊重对方，大家就会团结一心，企业的竞争力必然会得到极大提升。一个企业里，如果不能将尊重纳为自己的文化内容，就很容易产生内耗现象，大家的力量就不能聚集在一起，企业也就不会产生出应有的效率。

"尊重"这个词说起来容易，做起来却很难。有些管理者始终觉得自己高人一等，他们认为，自己就没有必要对所有人都做出一副尊重的姿态，偶尔颐指气使一下也是可以的。但是，我们要知道"尊重"是种修养，是由内而外辐射出一个人的性格，更是一个人修炼积累的最好证明，只要将尊重纳入一个人的意识，那么在他的行为之中，就会自然而然呈现出这种气质。在这方面，"经营之神"松下幸之助可谓深谙其道。

一次，松下幸之助带着几名高层来到了公司的餐厅吃饭。一行人都点了牛排，大家津津有味地吃了起来，唯独松下先生只吃了几口。松下看到大家用完了餐后，便让助理去请烹调牛排的主厨过来。

松下特别强调说："不要找经理，找主厨。"

助理这才注意到，松下的牛排只吃了几口，心想过一会儿的场面可能会很尴尬。

主厨很快就过来了，他很紧张。因为他知道请自己过来的人，是大名鼎鼎的松下先生。

"有什么问题吗，先生？"主厨紧张地问。

"你烹调牛排的技术很不错，"松下说，"但是我只能吃几口。你看看，我如今都80岁高龄了，胃口大不如从前。"主厨与其他用餐者，困惑得面面相觑。

松下说："我叫你过来，并不是因为你的厨艺不好，而是想告诉你，因为我的年龄大了，胃口大不如从前，所以才只吃了几口而已。如果我不说明原因，你看到被退回的牛排，心里一定会难受。这是我不愿意看到的事。"

松下的言行举止，就体现出了一位成功企业家本应具有的品质——尊重，也正是松下这种处处尊重他人的行为，让松下的企业的员工素质越来越高，企业的竞争力越来越强。又有一次，松下对一位管理人员说："我个人要做很多决定，并且要批准他人的很多决定。实际上只有40%的决定是我真正认同的，余下的60%是我有所保留的，或者觉得过得去的。"这种情况让这位管理人员感到非常吃惊。在他的意识中，自己仅仅是一个决策的执行者，没想到自己原来还拥有这么的空间。当管理者以如此坦然的心胸面对自己下属的时候，可以想象，这位下属内心的感动，和在未来的工作中所采取的态度。在他未来的工作中，必然会更加努力，以使自己能够取得更加优秀的业绩。这种情况，是任何管理者，采取什么样的激励措施，也都不能得到的结果。

总之，一个企业在文化的建设中，必须要拥有"尊重"这种内涵存在。当尊重意识开始融入企业文化之中的时候，企业中成员的关系开始变得和谐；当这种尊重意识开始逐渐深入人心的时候，团队成员之间的关系，就会变得融洽；当最终尊重的意识成为企业文化之中一张王牌的时候，必然可以让一个团队爆发出最强有力的凝聚力量。

感恩，企业最应强调的品质

感恩是一种态度，他是一个人对自己所处环境的认识和判断，感恩更是一种文化，他会决定人们彼此交往的方式。当感恩成为企业文化中所强调的品质时，组织之间必然会拥有更加协调的关系。不仅员工应该以感恩的态度面对自己的工作和企业，作为管理者，也同样需要以感恩的态度，去面对员工对企业所做出的贡献。

王牌一
文化意识——主流引导，树立优秀文化精神

生活中，懂得感恩，便不会以绝对的视角去看待自己所面对的事物。任何事物都会有好坏两个方面，当一个人学会这种感恩的态度时，便总能寻找到事物好的一面，从而可以使自己始终保持一个好的心情，也会有一个积极的对待生活的态度。

如果企业家能把"感恩"融入企业文化中，那么企业领导就会感谢员工对企业做出的贡献；员工也会感谢企业为他们提供了工作的环境，会以更加积极和乐观的态度去面对自己的工作。整个企业在这种感恩以及积极向上的氛围里会产生出更好的效率。

安格斯在童年的时候，因大脑受到了伤害，所以在反应上，比正常人慢上许多。他长大后，福利机关认为他不适合工作，他去应聘的几家公司都无情地拒绝了他。

但安格斯没有放弃，也没有为此懊恼，他只是怀着一种感恩的心态去面对自己的生活，他认为只要坚持下来，总会有公司接纳他的。事情就如他想的那样，最后怀特金斯公司接纳了他。

他被派到条件艰苦的波特兰、奥根地区开展业务。开始，工作开展得很不顺利，没有一个客户愿意买他的商品。更糟糕的是，他每天需要花在工作和路上的时间达到14个小时，等他晚上回到家时，常常都是筋疲力尽，关节痛、偏头痛经常折磨着他。即使遭受这些磨难，也依然不能让他放弃对生活的希望。在有些人看来，公司没有照顾他的情况，给他安排一个舒适的工作，不过，在安格斯看来，他已经得到了一个他所想要的工作。他感谢公司雇用了自己，他要对公司负责，这种意识推动他不断地努力工作着。

那一段时间里，安格斯不管遇到什么样的困难，他都会一直艰难地爬上楼梯，按响门铃，然后微笑着等待，几句经过深思熟虑的问候语也挂在嘴边。如果没有人来开门的话，或者门开了又很快关上，他就转过身，仍然面带微笑，迫切地向下一户人家走去。

渐渐地，在安格斯负责的地区里，越来越多的人被他的精神所打动，人们开始乐意购买他的商品，他的业绩由小到大，节节攀升，成为公司销售技巧最好的推销员，并赢得了公司有史以来第一份最高荣誉——杰出贡献奖。

安格斯的成功向我们说明了一个道理：不管你处在什么样的困境之中，只要拥有感恩的态度，不放弃对未来的希望，他自己的命运就会因此而发生改变。这就是为什么安格斯能克服自身生理缺陷，能够走过这么多生活所给予他的磨炼，并最终取得优秀业绩的原因。一个企业也是如此，我们不否认拿业绩说话有什么不对的地方，但与此同时也要为自己充实一种彼此尊重、感恩的文化氛围，大家相互感谢机密合作，再能在企业这个温馨的大家庭里更积极认真地工作，而不是抱着自私和抱怨，在紧皱眉头的工作中纠结。

日本松下电器公司之所以能够长盛不衰，其企业文化精神内核之中所包含的感恩态度也起到了非常重要的作用。松下幸之助非常推崇"感恩文化"，他认为，只有一个人懂得感恩，他才能对自己所做的事情，充满活力并保持信心。

王牌一
文化意识——主流引导，树立优秀文化精神

据说，松下先生每天都会给员工倒茶，他不认为这有失尊严。他认为企业所有的成果都是员工努力奋斗出来的，所以他尊重员工，感恩员工，也正是由于松下幸之助懂得感恩，他的企业才会拥有无数敬业乐业、拼搏进取的好员工，因为如果老板能以感恩的态度去面对自己的员工，那员工也必然能够以感恩的态度去面对自己的企业。

在某日报上有一则这样的故事：

张涛在杭州桦桐家私有限公司打工，在工作期间，得了肝癌。

为了治疗张涛的病，他家里花光了所有的钱，最后，人体器脏移植的费用需要30万元，在当时，别说30万了，就算一两万他们家也拿不出了。

就在这个时候，公司的老板李国飞，义无反顾地掏出了30多万元巨资，去挽救一名身患绝症的普通打工仔的生命，并表示将一如既往地资助张涛今后的治疗。

张涛回到公司工作的时候，他已经跟一个正常人没有两样了。他对企业不断地付出，企业也对他回报越来越多。现在桦桐家私有限公司已经从原本只有几十个员工的小企业，发展到5000多人，产品除了国内之外，还主要销往欧美市场。而企业的发展，也许凭借的正是这种感恩的态度。

我们可以看到，张涛身患绝症，其所在的企业本来不具备承担责任和义务。但老板李国飞所做的，正是源于对员工的感恩。李国飞道出了心声："因为他们是企业最宝贵的财富，为公司发展立下了汗马功劳。"这样的企业，怎能不发展壮大呢？这样的老板，又怎能不会拥有一大批忠诚的员工呢？

　　一家企业的财富的创造与积累，如果不是员工对企业的一种感恩，他们就不可能真诚地付出，如果没有员工们同心同德地挥洒血汗，也就必然不会有企业的强大。

　　有的企业家尽管经常把这两个字挂在嘴上，但大多是要求员工对企业、客户、领导要感恩，却不曾想到企业对员工也要感恩。在一些企业家的眼里，员工拿工资为企业干活天经地义，有什么好感恩的？可他们却不想一想企业兴旺的根源在哪里？如果没有员工的兢兢业业，没有员工的齐心协力，没有员工的团队精神，企业的兴旺发达又从何而来？

　　因此，感恩是企业最应强调的品质，感恩更是一个企业文化最强大的内涵。一个企业实实在在把"感恩"这两个字融入到文化当中，必然会改善企业之间的关系。这不仅可以提高企业里所有人员的素养，更能提升整个企业的竞争力。

打造充满人性化色彩的企业文化

　　企业文化绝不是规章制度。制度是靠强制性来执行，而文化是要靠人的自觉性来执行的。那些不够人性化的制度是绝不适合

王牌一
文化意识——主流引导，树立优秀文化精神

跟企业文化联系在一起，甚至跟规章制度联系在一起都是不应该的。因为企业是人的组织，人性化的企业文化，才是一个企业最需要的，也最能发挥作用的文化。

企业文化，是指企业全体员工在长期的发展过程中所培育形成的并被全体员工共同遵守的最高目标、价值体系、基本信念及行为规范的总和。说企业文化是企业发展的一张王牌，一点也不为过。因为对于一个目标清晰，职责明确的企业，手中具有这张王牌，它在未来的发展中必然会走得更为顺利。相反，对于一个文化理念不是很清晰的企业，他在未来的发展中，也就比较容易遇到各种各样的问题。

企业文化的塑造对于企业发展有如此重要的作用，但企业管理者在对自身文化的建设过程，却不能操之过急。千万不能东施效颦，迫切地建立起所有文化理念之后，却遗忘了员工对这些文化内容的接受。只有被员工所接纳的文化，才会成为一种合理的文化，换句话说，只有让企业的文化内容，充满人性化，才能让这些文化内容，在企业的发展过程中，发挥出充分的作用。

阿里巴巴集团的创始人之一，中国当代著名企业家马云在做客央视时曾谈及一家饱受企业文化之害的公司。

有一次，马云去这家公司参观。当时正好赶上中午，只见公司二楼研发部里所有的灯和电脑都关了，整个楼层一片阴暗。马云进去一问才知道，原来公司最近提倡节约，要让节约成为公司的企业文化。所以研发部的经理要求大家中午都关掉电器，并美

27

其名曰：让大家中午休息一下。如果有人中午不休息，还会遭到严厉的批评与处罚。

马云满腹狐疑地问那个研发部经理：你们老总到底是想省电，还是真的想让大家中午休息一下？那位经理倒也实在，对马云实话实说："我们老总说了，近期是为了省电，从长远考虑是为了在公司内部形成重视节约的企业文化。"

听到这话，马云心里忍不住"咯噔"一下，暗叫不好：你要省电就直说嘛，犯不着这么拐弯抹角的，大家也能理解你的好意。可是你找这么一个借口，还强制推广下去，电钱没省下多少，却失去了员工们的信任。这样下去，研发部的工作效率肯定要降低，反而得不偿失，这样的"企业文化"，不要也罢！

这家公司就是典型的"画虎不成反类犬"。企业文化毕竟是"文化"，"文化"哪有强制执行的？这家公司的老总分明是既想省电又想赶时髦，结果把两个目标混在一起，弄出了一个大笑话，最后不见得能取得应有的效果，还会被员工嘲笑为"吝啬"的老板，相信这就会完全违背管理者最早的初衷。

事实上，绝不是什么东西都适合形成企业文化。像节约这种事情，虽然是一种美德，但却不能依靠强制执行。打着企业文化的旗号来省电，让整个公司的员工一中午都在黑暗中度过，这种不人性化的事情要是真形成了"文化"，那对企业所形成的影响必然是负面的。企业文化绝不是规章制度，一个企业要花精力去建设自己的文化，首先一定要摆正自己这个认识。企业是人的组织，

王牌一
文化意识——主流引导，树立优秀文化精神

人性化是企业必须要考虑的一个因素。

在俄亥俄州的奈尔斯，坐落着美国钢铁和国民蒸馏器公司的子公司RMI。在一段时间里，RMI公司的工作效率低，利润率也上不去。

一个叫吉姆·丹尼尔的人改变了公司这一情况，他所使用的方法又非常简单。

他上任公司的总经理后，只是在工厂里到处贴上了一些标语："如果看到一个人没有笑容，请把你的笑容分享给他。"、"只有自己兴致勃勃，事情才可能取得成功。"在标语下面都会签有"吉姆"的名字。

吉姆·丹尼尔还制作了一个特殊的厂徽：一张笑脸。令人在办公用品上，在工厂的大门上，在厂内的板牌上，甚至在员工的安全帽上都绘上了这张笑脸的图案。

在公司内部，人们常常可以看到吉姆·丹尼尔满面春风地向员工征询意见，喊着员工的名字热情地打招呼，同时，员工们也非常乐意围绕在吉姆的周围，听他讲各种事情，也把工作中的一些情况与信息反馈给他。即便是和工会主席列席会议时，吉姆·丹尼尔也能依然面带笑容。

最终，只用了3年时间，在没有增加1分钱的前提下，RMI的生产率却惊人地提高了近8%，公司总体成绩增长很多。

后来，RMI公司的厂徽被美国人称为"俄亥俄的笑容"。《华尔街日报》评价RMI为"它是纯威士忌酒——柔情的口号、感情

的交流和充满微笑的混合物"。

吉姆所做的事情，其实就是改变了企业的文化环境。面对一个生产效率低下的企业，他通过书写标语，改变环境，制作笑脸的图像，最后将一种快乐、自由的精神，完全地融入了企业文化之中。这种企业文化是充满人性化的，这种企业文化，同时又是最能激发员工活力的。被这种精神感染之后，所有的人员都迸发出空前的力量，企业的经营状况，也因此获得彻底改变。

从整个故事中，我们可以看到一种人性化的企业文化所蕴含的巨大力量。如果企业能够充分尊重每个员工的个性，对他们进行适当激励，相信最后必然会拥有一个最佳的生产环境，RMI公司经营状况获得了如此巨大的改变，但他的付出成本却又是如此之小。任何一个企业都应该参考这样的经营案例，并要去思考在自己企业的经营中，应该采取什么样的措施，来使它产生出更高的效率。

员工和管理者都是人，每个人都会有自己的判断和性格的倾向，当企业的文化对所有人的性格进行接纳的时候，那也就会赢得更多人的信任与支持。在充满人性化的企业文化氛围之中，员工会拥有更加饱满的工作装填，而企业也会产生出强大的凝聚力，它也就能在市场竞争中站稳脚跟。

王牌二
品牌效应
——树立品牌，打造行业良好口碑

品牌是一家企业的 DNA，而这样的 DNA 所要灌输的是企业的一种精神，一种文化，如果我们能让这样的 DNA 融入到企业上上下下，甚至是消费者手中，那么，企业的产品就能形成一种潮流，企业经营就能长盛不衰。

没有品牌，就没有企业的明天

品牌能够为我们带来品牌效益，如果我们做不出品牌，就无法让产品带来我们所希望的利润。品牌策略是企业达成营销目标的一种方法和手段，是企业取得成功的基本策略之一。打好品牌第一战，让产品绽放出别样的光彩，这样，产品的价值才会不断放大，而企业也将会创造出最大的利益。

如果我们把企业比作一个人，那么，企业技术就是他的外在美，而企业文化则是他的内在美。而企业文化和企业技术能够为我们带来的就是具有品牌效应的产品。

没有品质，就没有企业的明天。想要把企业做大做强，最重要的就是打出产品的品牌，如果打不出产品的品牌，就算你做的产品再好，也是没有知名度的。就算产品做得再多，也不可能被多数人知道。

做出品牌就好比在炒作，我们可以在产品质量、产品特色上做文章，也可以在产品的推广宣传上做文章，只有把这两样都做好了，产品的品牌才能打出来。产品品牌是一家企业的 DNA，而这样的 DNA 所要灌输的是企业的一种精神，一种文化，如果我们

王牌二
品牌效应——树立品牌，打造行业良好口碑

能让这样的 DNA 融入到企业上上下下，甚至是消费者手中，那么，企业的产品就能形成一种潮流，就能长盛不衰。

做出特色，打造出自己的品牌，消费者才会注意到你的产品。全世界有 200 个左右的国家，大多数国家的领土形状和位置，我们都记不太清，但是对那些有特点的国家，我们却记得非常深刻，比如，中国的版图像一只雄鸡，法国的版图类似六边形等。

生活中，这样的例子也并不少，比如，我们去参加一场聚会，大家都作自我介绍，我们能记住的也只是那些有特色的人，或者是言行举止与众不同的人，只有这样的人，我们才能记忆深刻。

生活中如此，企业产品又何尝不是如此，如果你做的产品有特色，能够让消费者见之难忘，那么，你的产品就能逐渐形成影响力，这样，产品的品牌效应就会逐渐产生了。打出品牌的产品就像是一个大磁场，只要是和企业相关的事情都会受这个磁场的影响，良好的磁场能够成就一家企业，反之亦然。

周成建是一个善于自省的人，他善于分析自己和企业的不足，然后加以改正，不断完善自己，不断完善企业。最后，在社会竞争的大形势下依然严格要求把品牌做好，并且能够坚持屹立不倒，永远走在其他企业的前面。

周成建是美特斯邦威的创始人，而他的成功道路有很大一部分都是来自于品牌，正因为做出了品牌，才使得他的企业从竞争大潮中脱颖而出。

1982 年，初中毕业的周成建就走向了创业的道路，在浙江省青田县创办了青田服装厂。周成建知道，越是普通的东西越容易发现它的价值，所以，他选择了最普通的服装行业。

周成建忙于公司的业务，要经常到全国各地推销产品，为此，他结识了江西省景德镇的一家外贸公司，双方签下了一份高达30万元的订单。

欣喜万分的周成建刚回到家，就去当地信用社贷款30多万，然后去城里买来面料，从乡里请来100多名裁缝为自己工作，经过一段时间的努力工作，货就完成了，等到把货发给对方，意外却发生了，对方说，面料不合格，然后把货如数退回。

周成建的第一笔生意就这样泡汤了，但是他没有自暴自弃，而是思考自己为什么会失败，等到思考清楚之后，周成建认为自己还是有机会的，打算东山再起。

当时周成建的手上没有多少钱了，为此，他找到了舅舅，通过舅舅的关系，认识到了很多同行业的人，然后和他们打通关系，终于周成建拿到了自己的订单，周成建亲自监工，每天吃饭、睡觉都在工厂，通过日夜加班，很快偿还了债务。

周成建做的衣服不仅手艺好，而且信誉好，因为订单增加了，业务量自然也就增加了，然而有一天，在操作一批西服的时候，袖子全都裁短了一截，这个失误让周成建大吃一惊，但他并没有慌乱，干脆将错就错，把袖子接上别的布料，把西服的下摆也裁去了一截，接上别的布料。

没想到，就是这样制作出的服装，销售起来却是出奇的好，就这样，周成建开始自我思考，既然如此，要想让企业发展，不如在服装款式上大做文章，这样更能吸引顾客。经过不断摸索，周成建决定自己创建批发市场。

周成建有一次买了一件海螺牌衬衫，很多人都认识海螺这个品牌，就单单靠这个品牌，这件衬衫就比同类衬衫贵了两倍。这让周成建的内心很是复杂，他心中已经有了自己的一个规划，要树立起自己的品牌。

1993年，美特斯制衣公司诞生，生产邦威牌衣服，但是这样很模糊，在当时，又因为同音太多，很难注册成功。于是，周成建就把美特斯和邦威连起来注册成了一个品牌。

在刚开始，周成建非常谨慎，他先保留了自己的批发生意，然后尝试销售。在1994年开业当天，周成建公开成本价，包括面料、纽扣、电费等，然后把主动权交给消费者，让消费者定价，只要高于成本价哪怕一元钱，都可以成交。这种公开价格是温州零售业的一大创举，而周成建不仅做到了，而且成功了。

刚刚开业，很多消费者和记者都纷纷赶来，所有的衣服在一瞬间卖光，虽然每件商品利润不多，但是数量大得惊人，就这样，美特斯邦威的品牌开始叫响。又经过一年的发展，美特斯邦威就开始全面向服装行业进军了。

经过不断发展，美特斯邦威创立了自己的品牌，并且喊出"不走寻常路"的品牌口号，使得美特斯邦威在同行业中异军突起，牢牢占据着企业龙头的位置。

周成建成功了，原因是多方面的，但更多的是他懂得思考。

不管成功还是失败，他都有着一颗冷静的内心，不管市场如何变化，他依然在坚持走品牌化路线，正因为这样，他的企业才能牢牢占据企业龙头的位置。

品牌能够为我们带来品牌效益，如果我们做不出品牌，就无法让产品带来我们所希望的利润。品牌策略是企业达成营销目标的一种方法和手段，是企业取得成功的基本策略之一。打好品牌第一战，让产品绽放出别样的光彩，这样，产品的价值才会不断放大，而企业也将会创造出最大的利益。

现在，世界已经进入到了一个微利时代，重视品牌效应是企业革新发展的一条必经之路，重视品牌，创造品牌，打造品牌，企业的产品才能掷地有声，而企业也将会因为产品的品牌响亮而发展壮大起来。

品牌是最好的营销方式

品牌就是一个企业的面子。人们会因为五官而记住一个人，同样会因一个牌子而记住一个企业。就如同在人际交往中，要努力给人们留美好的第一印象一样，一个企业要想取得成功，必须要让自己的品牌深入人心。有了好的第一印象，人们随后的交往才会开展得顺利，企业树立起自己的牌子，产品的营销才会变得

王牌二
品牌效应——树立品牌，打造行业良好口碑

有效。

营销会决定一个企业的成败，而品牌无疑是营销中最强有力的方式。在日常生活中，人们审视一件商品时，品牌是不得不考虑的重要因素之一。在生活中，恐怕很多人都会有这样的经历，曾经无数次，仅仅因为某件商品是"名牌"，便选择了这件商品；因为对一个品牌的喜爱，常常会进行一些超出个人承受能力的消费，也许会给生活带来一些压力，但自己的心情却会非常愉快。这就是品牌的魅力，而这也恰恰就是营销的最好方式。

一个企业只要在市场中树立起自己的品牌，并且将品牌维护好，那企业产品的销售，就会变得非常容易。只要将自己的产品放在商场中，各种各样的消费者就会蜂拥而至，不仅如此，他们还会对企业的产品进行持续关注，总在期望企业能够推出新的产品。这样就不需要企业向别人不断讲述自己的产品，不需要投入更多精力去开拓潜在的市场。企业的营销成本就会降低很多。这也许就是那些知名大企业，每年愿意投入如此大的广告费用，勇于宣传企业品牌的原因。

企业品牌有了好的知名度，不仅会对产品销售带来非常有利的帮助，甚至仅仅依靠品牌，也可以为企业带来滚滚利润。对于品牌拥有者而言，不需要再做什么，只要给其他生产者进行品牌授权，就可以给自己带来不菲的回报。

20世纪60年代，法国人皮尔·卡丹供职于一家服装设计公司。他设计的时装突破传统，追求创新，色彩鲜明，线条清晰，可塑感强，领口做工精细，他的服装赢得了挑剔的巴黎各个阶层顾客的无比青睐，演艺界名流、社会上层人士、达官显贵等都争相慕名而来，到他这里订制服装。

后来，根据70年代的社会境况，皮尔·卡丹大胆地设计了一种宽条法兰绒上衣，它风靡于法国、美国等西方国家，使那些大都市的"绅士们"为之倾倒。一时间皮尔·卡丹成为了法国时装界"先锋"派的重要代表人物，不断引领着世界服装的时尚潮流。

皮尔·卡丹有一个梦想，就是想要他所设计的服装能让普通老百姓也穿得起。于是，在这种大好的背景形势下，皮尔·卡丹离开了他的老板，成立自己的服装公司，并以自己的名字注册品牌。

公司成立后不久，皮尔·卡丹立刻将自己设计出的高雅、领导潮流的新颖时装进行批量生产、加工，本着"薄利多销"的经营原则，投放到了"大众化"的市场中，使其得以占领最广泛的市场份额。

20世纪80年代，皮尔·卡丹品牌服装在大众中得到普及后，世界各地都有人开始仿制抄袭皮尔·卡丹的时装作品，这时候采取措施来防止盗版计划是不可能阻止这种现象的。

经过深思熟虑之后，皮尔·卡丹决定改变自己的经营策略，他向全世界宣布征召加盟商。他把自己的设计方案标以7%~10%的转让费转卖给厂家，让他们进行生产，细部设计则由世界各地的商人根据当地情况去完成。

后来，皮尔·卡丹还大卖特卖商标使用权，其范围不仅仅局

王牌二
品牌效应——树立品牌，打造行业良好口碑

限于服饰，使用者什么行业都有，真是五花八门。如自行车、香烟、儿童玩具、床上用品、化妆品……

通过转让商标，皮尔·卡丹品牌在世界各个地方得到了宣扬，皮尔·卡丹的事业又一次被推入一个辉煌时期。

通过转让品牌，庞大的皮尔·卡丹"帝国"迅速得到扩张，而这种扩张又促使皮尔·卡丹的品牌知名度得到进一步上升，为他事业发展起到了推波助澜的作用。有人统计，皮尔·卡丹转让商标的年获利能达数亿美元。

在营销中，品牌价值是不可估量的，说品牌是一种无形的营销资产，是市场竞争中的王牌，那是一点都不过分的。要想扩大品牌在市场上的占有份额，不仅要提高品牌竞争力，而且要有持续发展的创造性思维，善于开发品牌的价值。皮尔·卡丹正是因为这样，才成为了国际品牌。要知道，从消费者的角度来看，品牌是营销者实力的象征，名牌是优质产品的代名词，在一个具有不对称信息的市场中，消费者和潜在顾客对名牌产品总是抱有极大的信任乃至忠诚。

品牌是企业及产品已有的成功定位，老字号和贵族品牌是成功企业的标志。对于成功企业来说，关键之处在于品牌和企业文化的传承，而非仅仅关注产品本身。如果盲目进行品牌延伸，扩充产品线，有时反而会损害了原有的品牌形象，削弱品牌的营销潜力，使优秀品牌大幅贬值，最终沦为大路货。

派克笔很久以来一直是世界上最著名的老牌产品之一。拥有派克笔是身份和体面的标志，许多社会上层人物都喜欢带一支派克笔。20世纪80年代，派克公司已经在154个国家销售它的书写工具，取得了辉煌的成功。全世界有40多家广告代理机构在为各种各样的派克笔大做广告。

毫无疑问，派克是一个极具市场潜力的品牌，只要能够妥善地维护好自身的品牌形象，派克笔的市场潜力就是取之不尽用之不竭的。但是，野心勃勃的派克公司并不仅仅满足于在高端市场的统治地位。因此，派克公司的总经理詹姆斯·R·彼得森制订了"简斯维尔战略"。所谓"简斯维尔战略"，就是让位于威斯康星州简斯维尔总部的新的全自动派克笔工厂大量生产低价格的钢笔。让派克公司携品牌之威一举打入中低端钢笔市场。

1983年，为了占领更大的市场份额，派克公司将产品向5美元一支的低档产品延伸，并且迅速扩大了产量。但是，由彼得森主导的这一系列的营销举动并没有取得预期的效果。派克笔不但没有顺利进入低档笔市场，反而丧失了一部分高档笔市场，市场占有率大幅度下降。

野心使人盲目。派克公司贸然延伸品牌，毁坏了派克笔在消费者心目中的高贵形象，竞争对手则趁机进入高档笔市场，失败的厄运在等待着派克公司。派克公司陷入了接二连三的生产困境。随着工厂生产出大量次品，生产成本直线上升，终于，在巨大的压力之下，詹姆斯·R·彼得森递上了辞职书。

派克作为高贵和身份的象征，无疑是企业的最大王牌，但盲目拓展中低端市场，这是并不明智的。派克公司定位就是高端产品，一贯以质优价高著称。依据消费者心理，派克公司应该继续走高端路线，不断巩固自己的市场地位，提升品牌和产品形象，赢得消费者的长期青睐；如今突然寻求低价市场，不仅令消费者怀疑这批产品的质量，影响新产品销售，更为糟糕的是，其"钢笔之王"的形象受到损害，再也不能满足人们以派克为荣和体现身份的需要。其实，如果派克公司在"派克"这个高端品牌之外另外建立一个低端品牌，并用这个新品牌来拓展中低端市场的话，那就可以在不破坏"派克"这一高端品牌形象的同时达到扩张市场的目的了。

品牌是公司的招牌，品牌的树立决定着企业市场份额的占有，品牌的成功决定着产品和企业的成功。在当今市场中，谁拥有了品牌，就如同拥有了万能通行证，可以在市场上驰骋纵横，所向无敌；如果谁失去了品牌，谁就失去了占领市场的资格，在市场竞争中变得举步维艰，寸步难行。所以，每一个精明的老板，都会绞尽脑汁地建立属于自己的品牌，都会煞费苦心地维护自己的品牌形象。只有这样，才能最好地使用自己手中的这张王牌。

品牌是对客户的承诺

企业要想打好自己的品牌，必须要明白市场需要什么，必须清楚自己应该对顾客做出什么样的承诺。只有弄清楚所有这些问题之后，才能在市场中为自己的品牌寻找到最准确的定位，也才能为自己的企业寻找到一条最正确的发展道路。

任何企业都想建立自己的品牌，但问题是他们该如何建立自己的品牌？

有些企业认为，应该投入巨额的广告费用，这样才能让自己的品牌深入人心；也有些企业会认为，应该不断提高技术水平，这样才能为客户提供出更好的产品。这样的品牌建设策略都没有错，不过在选择自己的策略之前，一定要明白什么样的产品才是客户所需要的，而这才是一个品牌建立的关键。

过分强调广告效应，也许可以吸引客户一时的目光，但却不会赢取他们的忠诚，过分强调技术，当产品投入市场之后，却发现并不是客户所需要的，最后使企业自身巨额的广告和技术投入费用打了水漂。要时刻想客户所想，急客户所急，甚至愿意为了客户的需求，拓展自己的经营范围，这样才能让自己的产品最符合市场需要，也为企业自身品牌建设，寻找到一条最正确的道路。

雅昌成立于1993年，它刚开始的定位就是高端彩色艺术印刷。但当时业内竞争激烈，传统技术、设备上的比较并不具有太多优势。那么怎样才能迅速崛起呢？

雅昌的管理决策者认识到，服务才是企业经营的关键。谁能为客户提供优异的服务，谁就能占领市场制高点，从而在竞争中获胜。1995年，雅昌董事长万捷先生提出"印刷业是服务业"的经营概念，在工作当中要求员工必须做到："客户想不到的我们也要想到；服务不仅要让客户满意，而且让客户感动。"

这一理念让雅昌在同行业中很快就脱颖而出。此后几年，其产品质量始终保持着广东地区前三甲地位，并且其作品屡次在香港、美国等地获奖，为企业的经营赢得了更好的声誉。

服务水平的提升是无止境的，竞争对手总在不断地学习和赶超。为保持自己领先地位，2000年，雅昌进一步提出"为客户提供增值服务"的理念。万捷认为："印刷行业除了为客户提供精美的印刷品外，还必须充分利用企业资源，为客户提供更多的服务内容，帮助客户获得成功，也就为自己赢得更多成功的机会。"

全新的理念解放了雅昌人的思想，促进了全面创新。雅昌人树立起一种"业务项目"意识，对每一项业务的背景及其前因后果进行全面系统的分析和策划，将服务提前介入并向后延伸。这种全方位服务，使雅昌的客户更加满意，雅昌先后赢得了《北京2008年奥运会申办报告》和《上海2010年世博会申办报告》的印制业务。雅昌艺术印刷产品在国内外数次获奖，2003年和2005年，两次荣获被誉为全球印刷界"奥斯卡"的"Benny Award"金奖。此外，雅昌精心印制了无数艺术出版物，广结善源于中国艺术市场，走出了一条服务艺术市场的通途。如今，雅昌在提供艺术类印品解决方案、拍卖行业印品解决方案及大型企业印品解决方案等方面，形成了核心竞争力。尤其在国内拍卖业的印刷业务，份额高居95%之多。

如今，雅昌已经成为集艺术展览、艺术品出版、中国艺术品图像数据库建立、艺术出版策划、艺术品衍生产品开发与经营及艺术家代理经纪服务为一体的文化公司。

在雅昌刚刚成立之初，面对竞争激烈的环境，他们并没有什么优势，但他们却找到了自己最强有力的"王牌"，这就是"印刷业就是服务业"的经营理念。正是本着对客户服务的承诺，才得以使雅昌从众多的竞争者中脱颖而出，正是依靠对客户服务的不断探求，才得以使他们能够不断提高自身业务水平，在获得市场赞誉的同时，也在获得业界对这一品牌的认可，企业最终凭此获得滚滚利润。

做好企业的品牌，履行好对客户的承诺，除了上边所说的要实现在企业的大发展战略上之外，在企业的生产与销售的各个环节，也要有所注重和体现。只有时时刻刻为客户着想，在生产和设计中处处想着客户的需要，才能使企业品牌拥有最强活力。国外的一些优秀企业在进行产品设计时，非常重视市场调查，常常会根据顾客意见对方案进行反复修改，以达到产品符合顾客需求的目的，这种做法非常有助于企业名牌的树立。一般来说，企业在名牌产品的设计中，应该做到以下几方面，这样才能最大程度地符合客户的需求。

1. 轻、薄、短、小。在《日本经济流通新闻》报，对20世纪80年代的热门商品进行总结时，发现轻、薄、短、小的商品总是最流行的。比如，个人计算机、轻型的汽车、便携式电子键盘乐器、小口红，等等。而这一特点的产品所能带给客户的内容，就是方便与快捷。

2. 舒适、协调。舒适是指产品的结构能适应人体生理结构和使用要求。例如，家用电器的使用，要非常适合人们的操作习惯。洗衣机从手摇发展到电动、由半自动发展到全自动，它所体现出的发展趋势，就是为了能给顾客提供出更便捷、更舒适的生活质量。符合这条设计理念的产品，也会越来越受到消费者的欢迎。协调是指产品与消费者的生活环境相适应、相配合。只有那些与消费者生活、与当时的社会状况最契合的品牌，才会拥有最强的市场发展潜力。

3. 富有情感。伴随人们生活节奏加快，人们希望在自己紧张生活之余，能获得更多带有情感的产品，以松弛自己心理上的压力，因此日常生活用品的设计也就呈现出了情感化的趋势。这就要求厂家在进行产品设计时，不要再局限于产品本身的功能性考虑，而要能注重产品的非功能性因素。服装的设计要具有美观和情趣，文化产品要能打动消费者的心灵，只有这样才能让企业的品牌深入到现代消费者的内心。

4. 风格独特。独特是指与众不同，标新立异。人们已经不需要千篇一律的产品和服务了，如果企业所提供的产品，在市场上没有任何差异性，那这样的品牌可能也就不容易得到消费者的青睐。现代社会，消费者的购买和消费越来越注重个性，那就要求企业在产品设计中必须能够表现出自我，注重创新。如果总是步人后尘，那就很难创出自己的品牌。

企业要想打好自己的品牌，必须要明白市场需要什么，必须清楚自己应该对顾客做出什么样的承诺。只有这样，才能在市场中为自己的产品找出明确的定位，才能清晰自身发展所应遵循的原则。当在产品的生产与销售过程中，融入更多对客户的服务理念时，才能让自己的产品打动顾客的心，而这也就为企业品牌获得社会认可打下了最坚实的基础。

除了上述所说几个考虑的方面之外，在企业的生产经营过程中，还要不断去发现客户的需求，要去不断开发能带给消费者更多生活便利的产品，这样才能让自己的产品被客户所接纳，也才能让自己的品牌深入人心。

王牌二
品牌效应——树立品牌，打造行业良好口碑

品牌可以为企业带来巨大的利润

利润是所有企业家所梦想获得的内容。为了获取利润，不断去降低生产成本，为了获取利润，投入了大量营销费用，不过，有时候，人们却忘记了品牌也同样可以为企业带来巨额的利润。利用一个人物的形象，利用一个生活中新出现的事物，就可以为产品增添不少的附加值，并因此给企业带来滚滚利润，它所产生的效果甚至会超过企业家为追逐利润所采取的其他方式。

一旦投入巨资建立起一个品牌，消费者就会在一系列产品上认同这一品牌，而此时，企业就可以用不同的形式，从某一产品、产品形象、商标或是服务中，重复地获取利润。

一个卡通形象，一则流传广泛的故事，或者是一条有价值的信息，一种技巧，甚至是其他任何一种资产，都可以成为企业获取利润的源泉。

美国的电影和电视剧吸引了全球众多观众的注意力。一些影视公司依据电影或电视里的人物形象制造出相应的衍生消费品，赢得顾客广泛青睐，取得非常不错的销售业绩。

影视衍生消费品，正是依靠一个品牌，为公司获取利润的最典型方式。依复杂程度不同，这种产品一般可以分为三种类型：一种是直接印有影视人物或标志的产品，如迪斯尼《狮子王》中的T恤、睡衣、午餐盒和护唇膏等；二是根据影片主题或情节进行仿造的产品，如《狮子王》电影中的云霄飞车；三是承袭影视作品风格或气氛的产品，如米高梅电影中曾经出现过的晚礼服、钟表、沙发、化妆盒、书框以及男主角戴的高帽子和巧克力糖等。

据媒体报道，迪斯尼集团是生产销售这类产品的行家里手，也是凭此方式赚取利润最多的公司之一。该公司在全球范围内每年平均发行两部卡通片和58部普通作品，而卡通及其衍生产品所产生的利润占公司总利润的70%，比58部影片所带来利润总和还要高。仅一部《狮子王》，其衍生品净利就达到10亿美元。另一家时代华纳所经营的有线电视公司，每年销售同类产品所获取利润也达数亿美元。这类产品所获取的利润，有时是产品本身的好几倍。

有专业人士，对这些企业的获取高额利润进行了分析，并寻找出其中两个最重要的原因。一是这些产品的消费对象大多是孩子，他们会忠诚于某个品牌，而父母又舍得给孩子花这些钱。二是企业广告宣传非常成功。公司看准孩子们爱玩乐、注意吃喝的特点，每次都会联合快餐店和玩具公司来促销新片。据报道，迪斯尼为促销暑假期间的"花木兰"玩具，专门出资找麦当劳推出新式汉堡。该公司为推出"大力士"卡通人物玩具，在纽约最繁华的时代广场举行了大力士游行活动，吸引不少人驻足观看。为了使卡通人物被消费者特别是小朋友接受，迪斯尼公司在拍影片时会考虑人物造型是否花哨、道具是否抢眼等问题。

各影视公司卖衍生消费品路子不尽相同。迪斯尼和时代华纳通常会在繁华闹市区开设店铺，出售自己的产品。米高梅则把自己产品目录罗列在高级百货公司的邮购目录上，省去店面投资，又能精确地抓住目标顾客。有些影视公司则授权给服饰或玩具公司贩卖印有其图像的产品，坐收产权费。无论形式怎样改变，所产生的结果是公司获取巨大利润，而他们所凭借的则永远是公司的品牌形象。

这样的经营案例不仅只是在国外发生，伴随中国改革开放进程不断加快，相似的故事，在中国也有发生。

在1999年前后，伴随网络在中国人生活中的普及，几个中国人开发推出了网上即时通讯平台ICQ中国版——OICQ（也称QQ）。随后QQ以迅猛速度在中国社会得到发展，目前注册用户已超过4.3亿人，每天上线人数达到1200多万，占据中国在线即时通讯软件市场95%以上的份额。几乎所有中国网民都会有一个或者几个如电话号码一样的QQ号码。与此同时，QQ的卡通形象——一只憨态可掬的小企鹅，也渐渐被数以千万计的网民所熟悉和喜爱。

2000年，以经营礼品进出口业务起家的广州东利行公司，以其敏锐的市场洞察力，看准了QQ小企鹅形象在商业领域的前景，果断提出要与腾讯公司签署为期7年的QQ形象有偿使用协议。

在签署协议前,东利行对QQ用户进行了深入广泛的调查。东利行发现通过QQ聊天的大多是年轻人,而他们则正是对时尚产品购买力最强的消费大军。在获得允许之后,东利行提出"Q人类Q生活"的卡通时尚生活概念,把衍生产品消费群定位在14—26岁的青少年。随后,东利行相继开发出QQ精品玩具系列、手表系列、服饰系列、包袋系列等10个大类106个系列、约1000种带QQ标志的产品,然后凭此大收其利。

对于东利行公司来说,寻找到自己的品牌,并最大程度地开发这一品牌的价值,才是企业获取利润的最佳方式。在实际运作中,东利行并没有拿自己的钱进行投资来打造自己的品牌。而他所凭借的根本,其实就是一个卡通的形象。通过协议方式,获取到使用权之后,也就为自己赚取了滚滚的利润。

多年从事进出口业务的经历,使东利行对国外十分流行的这种创造利润的手法——形象授权驾轻就熟。东利行正是凭借这个授权掘到了他们在QQ上的第一桶金。掘到第一桶金之后,东利行就开始走上正常发展之路。目前,腾讯通过与广州东利行发展有限公司合作,开发以QQ形象为主体的服饰、动漫产品。QQ正在成为国内最著名的卡通品牌,并逐步向科技领域延伸。

与西方国家相比,中国也许并不具备成熟的关于电影衍生产品的运作模式,不过在生活当中,仍然存在很多这样的机会。当QQ形象开始出现在中国人生活中的时候,可能没有多少人会意识到这样的一个形象会蕴藏着无限的商机。东利行正是凭借多年的国外经营经验，才能把握这样的机会，并最终利用好这个品牌，为自己打造出无限商机。对品牌的经营，对于拥有者和使用者双方都是非常有利的事情。对于拥有者，可以扩大其在社会中所产生的影响，对于使用者，则可以成为自己的一条有效的生财之道。

随着我国市场化步伐不断加快，这样的例子也越来越多地出现在我们的生活之中。电影《无极》的商业运营中，就很好地利用了这种赢利模式。首先是卖发行权，其次是开发电子游戏，还发行了系列邮品，推出小说、动漫、音乐、旅游等。随着我们文化产业的发展和市场机制的逐步成熟，相信这样的故事会越来越多地发生在我们的生活当中。

独辟蹊径寻找独一无二的品牌

任何企业的品牌，都具有排他性，也就是说品牌必须具有"独一无二"的内涵，这样才能让客户记住自己这个牌子，才能让一个牌子发挥出最大的市场经济效益。对于品牌的独特性建立，许多经营者都绞尽脑汁。不过有些宝贵的品牌资源，有时就在你的手边，拥有一双善于发现的眼睛，也许就可以为企业的品牌寻找到一条最好的利润来源。

每个企业都梦想拥有自己的专属品牌，这种品牌是他人所不能模仿的，同时，又具有很高的社会认可度，这将为企业带来滚滚而来的利润。这样的品牌的建立，是每个企业所梦想的，但却是不容易实现的。

但这样的想法并不是完全不具有可能性，梦里寻他千百度，蓦然回首那人却在灯火阑珊处。也许自己在无意之间，就可以找到一个非常具有经济价值的品牌，也许在我们普通的生活当中，就可以挖掘出一张具有无限"钱"途的企业王牌。

依云是一个只有7300位居民的法国小镇，它背靠阿尔卑斯山，面临莱芒湖，是法国人休闲度假的好去处。夏天可以在这里疗养，冬天可以滑雪。但依云最著名的，还是依云水。

依云镇背后的阿尔卑斯山是依云水的源头，高山融雪和山地雨水经过长达15年的天然过滤和冰川砂层矿化，最终形成了这个世界上独一无二的依云水。

关于依云水的发现有一个传奇的故事。1789年夏天，法国正处在大革命的惊涛骇浪中。一位法国贵族患上了肾结石。当时流行喝矿泉水，他决定尝试。一天，当他散步到依云小镇时，取了一些那里的泉水，饮用一段时间后，他惊奇地发现自己的病痊愈了。

这件事情迅速在社会上传开，还有专家就此专门进行分析并证明了依云水的疗效。从此之后，每年都有大量的人，涌到依云小镇，亲自体验依云水的神奇疗效，有些医生甚至还会将它列入药方。依云水开始被正式出售。拿破仑三世和皇后对依云镇的矿泉水情有独钟，1864年正式赐名其为依云镇。

现在，依云镇70%的财政收入和依云矿泉水有关；矿泉水厂900多名工人，有3/4来自当地。因为依云矿泉水水源的独特性，它成了一个著名的旅游城市。靠水吃水的依云人，对品牌进行仔细的维护，对水源地更是无比珍惜。矿泉水制造商将水源地周围的村庄组织起来，组成一个叫APM的协会，由协会出资保护土壤，鼓励多植树，尽量不使用化肥。

依靠自己独特的资源，小镇还开拓了更多的市场和业务。在镇上，依云水的第二个传奇是SPA（依云水平衡中心）。1824年，第一家温泉疗养院在小镇建立。1902年，专门的依云水治疗中心成立，并于1984年改建为SPA，即依云水平衡中心。在这里，水疗一天的费用为57欧元，一个完整的疗程大概需要3周。SPA所用的水都是依云水，所用的护理产品如护肤水雾也都是依云水。在婴儿出生后的3至9个月，妈妈们常常会带宝宝来到这里的SPA，宝宝在依云水里游泳，产后的母亲也可以在此迅速恢复体形。

地球上有着丰富的水资源，但全世界97%的水是盐水，不能饮用，2.1%的水来自地球南北两极冰山的融化，只留下0.84%的水可以供人类饮用，而在这其中，依云矿泉所占比例，只有0.00000004%，但是它产生的经济效益，却可以占到10.8%的全球市场占有率。

这就是依云的品牌战略：靠的是自己独特的资源，卖的是纯天然，赢的是高端市场。在市场上，一瓶依云矿泉水卖得比牛奶还要贵。它甚至可以成为人们追求高品质生活的一种象征。在2003年，八国峰会的召开，把世人的目光再次吸引到了这个法国小镇，依云的品牌价值，又得到了一次提升。

　　品牌是无法复制的，资源本身具有专一性，因为不可替代性，最终使这一品牌具有无可比拟的市场价值。因为矿泉水的特殊性，因为围绕这一品牌有着太多历史故事，使得人们对这一品牌，拥有无限的忠诚与认可。同时小镇的管理者对品牌有着良好的维护意识，积极植树，对水源进行保护，同时开发相关产品，例如提供SPA服务等，最终使这一品牌为这个小镇的居民提供出源源不断的财富。

　　对此，也许有人会抱怨，这样的资源是独一无二的，那也就意味着这不是每个企业所能拥有的资源。但事实并不是我们所认为的那么绝对，只要用心去寻找，必然可以寻找到专属于每个企业的独特资源。在中国当前的社会环境下，就有许多企业依赖独特的品牌文化走向成功的案例。

　　随着本土文化意识的日渐复苏，市场开始热切呼唤能集中体现本土文化的产品出现。作为"四大国粹"之一的"本草文化"，就在社会中刮起一股流行的风潮，王老吉就是其中成功的典型。

　　凉茶，是广东地区一种由中草药熬制、具有清热祛湿效果的"药茶"。在众多老字号凉茶中，"王老吉"极为著名，至今已有

王牌二
品牌效应——树立品牌，打造行业良好口碑

180年历史。从20世纪90年代，广东加多宝饮料有限公司与王老吉品牌进行战略合作，计划将这一传统的品牌推上市场化的道路。2003年，王老吉亮相中央电视台，销量激增，如今，早已红遍了中国的大江南北。

王老吉凭借其百年老字号神秘配方，垒高了市场准入壁垒，使得众多竞争者，即使有心进入这一市场，但却无法模仿。不仅如此，王老吉在产品的包装上，也是下足了功夫。红色的罐体、充满激情的广告画面，早已深入消费者内心，这无疑为王老吉产品保持独一无二的特性，又增添了浓重的一笔。

现在的市场中，王老吉已开发出王老吉广东凉茶颗粒、王老吉清凉茶、王老吉润喉糖、王老吉清润饴等系列产品，在形态上多了煲剂、冲剂和纸包装多种形式。各种各样的产品类型和形态，无疑为这一品牌注入了更多的活力。

王老吉之所以能够走红市场，所依靠的就是有着悠久历史的"本草"文化。神奇的秘方和准确的市场定位和宣传，使得这一品牌有了他人无所超越的优势，而正是这个企业所拥有的"独一无二"的品牌资源。发现这样的资源，并经营好企业的品牌，同样可以带来巨大的成功。不要总是抱怨自己的企业没有好的资源，只要拥有一双善于发现的眼睛，总能寻找到专属于自己企业的一份"独特"内涵，并依此建立起最具有市场价值的企业"品牌"。

其实在任何一个国家、一个区域，都会在某些产品上具有特别的优势。比如：法国适合打造葡萄酒品牌和香水品牌，内蒙古

就适合打造乳品品牌，广东适合凉茶品牌，这些就是国家或区域的最为宝贵的资源。发现这样的资源，以此来建立一个企业独特的品牌文化，相信任何企业都可以获得像"依云"和"王老吉"一样的成功。

集中力量开发拳头产品

要想企业的品牌过硬，就必须要使品牌获取强有力的支撑。这种最大支撑力的来源，无疑就是企业的拳头产品。有时候，一个拳头产品的出现，就可以为企业树立起一个好的品牌，反之，如果一个企业树起了牌子，却没有产品支撑，那就很容易在时间流逝中，失去其所具有的市场效力。

所谓拳头产品，就是在社会中能获得广泛认可，取得良好业绩的产品。拥有了自己的拳头产品，企业的品牌建设之路，才会走得顺利。在树立起自身品牌之后，还要不断去开发后续的拳头产品，只有这样，才能使企业的品牌在市场中发挥出持续的影响力。

对于文化产业而言，这样的拳头产品，对于企业的经营显得更为重要。因为行业自身的特殊性，决定企业要想获得良好的效益，必须要拥有能够区别其他同行业的好产品。才能让消费者关注到这个品牌，才能让消费者对这个品牌产生一定的忠诚度，这样才能为品牌取得良好的经济效益，打下坚实的基础。

1987年，迪斯尼电影制作业务保持赢利，但它还没有卖座大片。随着时间的流逝，制作卖座大片的压力不断增加。

1987年，迪斯尼为两部电影——《三个奶爸一个娃》和《早安，越南》（Good morning, Vietnam），进行了一场精心策划的发行和营销活动。原本打算在圣诞节期间上映，为了让电影赢得观众并造成声势，首发式被提前到了11月末。在一周假期中，《三个奶爸一个娃》获得了奇迹般的1亿美元收入，迪斯尼终于有了第一部真正的卖座大片。

埃斯纳又继续促成迪斯尼的第二部卖座大片《早安，越南!》的成功。对影片的广告采用的战略，反映出一种创造力和坚忍不拔的精神。该片主角为罗宾·威廉斯，在公众中影响并不大。为了提高威廉斯的号召力，迪斯尼安排他演出《早安，美国》、《今天》以及《奥坡罗》等电影。迪斯尼还制作了两套商业广告：一套风格生动活泼，主要针对12-25岁的青少年观众，另一套则是感情丰富，主要针对成年观众。

为了引起公众注意，迪斯尼史无前例地进行了一场缓慢推出的实验。起初只在三个城市上映，随着影片社会影响的增强，再逐渐增加放映的场次，以求能最大程度地挖掘市场的潜力。迪斯尼最终大大提高了票房纪录。在两个月中，《早安，越南》收入达到1亿美元。

迪斯尼的卖座大片企业设计的下一步内容是：培育更加强有力的销售能力，提高票房收入和录像带的销量。

在1985年埃斯纳发现家庭录像机拥有率在美国正在上升，一个利润丰厚的录像带市场即将出现。埃斯纳决定，以录像带的方式发行迪斯尼的电影娱乐片并付诸实施。公司发行了一系列动画片录像带，包括《木偶奇遇记》《睡美人》《小飞象》等，在社会上产生巨大影响，并获得了空前成功。

1990年，迪斯尼再次发行了《白雪公主》《灰姑娘》《小鹿班比》《狐狸和猎人》《小飞侠》《森林王子》等影片。

由于动画片的利润潜力和再次发行的成功，埃斯纳受到了激励，开始重组处于萧条之中的动画电影业务部门。

在一段时期里，动画片市场出现低迷状态，迪斯尼曾一度面临经营的困境。但最终凭借《谁陷害了兔子罗杰》而一炮走红。这部动画片1988年在全球获得了3亿多美元的收入。每隔12个月，迪斯尼就能策划、生产并发行一部一流的动画大片。《美人鱼》《美女与野兽》《阿拉丁》《狮子王》《风中奇缘》《钟楼驼侠》以及《大力士》这些影片给观众留下了深刻的印象，也给企业带来了巨大的利润。

我们看到，迪斯尼一路走过的辉煌，总是与它的优秀影片有着紧密的联系。因为一部影片，可以让企业发展上升到另一个层面，因为一部影片，也可以让企业走出一时的经营困境。而这些电影正是迪斯尼所拥有的拳头产品。为自己带来了巨大的票房收益，同时也为自己的品牌打下了良好的口碑。同时，迪斯尼并没有仅仅停留在那些曾经取得的成绩上，总是在不断地开发自己的新产品，以此保证自身品牌拥有长久的市场感召力。

这也许就是文化产业的特点，只有推出能够形成广泛社会影响的作品，才能让这一品牌拥有巨大的市场效力。消费者一旦认可这一品牌，就会对你推出的作品进行持续关注，这对于企业发展无疑会有最为积极的作用。一旦建立起企业品牌，要进行及时维护，像迪斯尼一样，不断推出新的又好又卖座的电影，不断打出自己的拳头产品，才能让自己的品牌具有更多的市场含金量。这样的战略对于企业长远发展而言才是最有益的。

以拳头产品主打自己的品牌，不仅适用于文化产业，对于其他生产类型企业也同样适用。

深圳太太药业股份有限公司主要从事保健品的开发及中西药品的生产和销售，产品结构由最开始的单一女性美容保健品，最终拓展到抗感染药、妇科用药、抗肿瘤药等众多门类，上市产品达到30多个。

1993年太太药业投入巨资，研制成功出"太太口服液"，因产品定位准确，迎合当时市场需求，最终一炮而红。随着后期品牌形象塑造和持续的配方改进，"太太口服液"创造了连续8年保持销售长盛不衰的神话。

2001年太太药业股票成功上市，募集资金17亿元，随后大规模扩建口服液生产线，建成两个通过国家 GMP 认证的现代化大型制药基地。为延长口服液的市场生命周期，太太药业两度对产品包装进行更换，并密集地在中央级媒体播出广告。与此同时，花费 2000 万巨资研制的另一拳头产品"太太静心口服液"也开始推向市场，以对原有产品进行替代。2001 年，太太药业主营业务收入达到 6.8 亿元，主营业务毛利率高达 73%，净利润超过 2 亿。2001 年，太太公司已上市产品 30 多个，而其主推的两个拳头产品——太太口服液和静心口服液，为公司总收入及利润贡献率接近 80%。虽然全年为它们投放了 1 亿元的广告费，也是物超所值了。

依靠"太太口服液"一个产品，就可以造就一个公司的品牌。虽然公司推出的产品达到 30 多个品种，但这一种产品给企业带来的效益，占到了全部收益的 80%。因为产品定位准确，广告营销效果显著，"太太口服液"取得空前成功，随着一个产品的成功，也就为一个企业的良性发展打开了一道便捷的大门。

企业在经营成功自己的拳头产品之后，并没有因此而停步不前。进行持续的包装改进，以使产品拥有持久的市场活力，同时对现有产品进行替换，投入巨资开发新一代的"太太静心口服液"，以此保持企业后续的发展空间，借助自身的品牌优势，尽力开展工作的拓展，以尽可能挖掘市场潜力，最终确保企业发展长盛不衰。

任何产品的开发成本都是非常高的，但企业一定要认识到拳头产品对于企业品牌建设的重要性。大胆投入，找准市场定位，拥有过硬的产品，才能为企业发展打开最开阔的前途。此外，千万要明白任何产品都有自己的生命周期，企业的"卖座大片"千万不能断档，这样才能让品牌保持长盛不衰，否则，就有可能步沈阳飞龙、广东太阳神的后尘了。

丰富产品类别，完善品牌效应

单一的品牌经营，或是产品类别，很容易让企业的品牌经营陷入困境。因为任何客户都是"喜新厌旧"的，如果一个企业不能推出更多的产品类型，他就很容易失去对这个品牌的忠诚。为此，企业要不断开发出新产品并丰富其类别，这样在客户对不同产品的选择当中，也就保留了自己的市场，同时，通过开发不同产品类别，也可以将那些"蠢蠢欲动"的竞争者们远远拒之门外。

为满足不同客户对风格、颜色、款式等方面的不同偏好，以及考虑每个人在收入上所存在的差异，企业应该追求使自己的客户群最大化。对此，丰富产品类别，无疑是一个最好的方法。在同一品牌下，提供出尽可能多类型的产品，让用户拥有更多选择的空间，这样才会为企业赢取到最大的市场份额提供出更多空间。

良好的产品结构，应该是金字塔形状。在塔的底部，是低价位、大批量的产品，这可以满足最广大普通消费者的需求，同时也可以为企业奠定市场最强大的根基；在塔的顶部，是高价位、小批量的产品，虽然所占市场份额不大，但却可以带给企业最大的利润空间。一个品牌拥有完善的产品结构，才能使企业经营获得最好的收益，从而使一个品牌拥有最大的市场价值。

金坎普·吉列是美国吉列公司的创始人，也是安全剃须刀的发明人。1902年，当美国卷入第一次世界大战时，吉列偶然从报纸上看到一个大胡子士兵在前线的照片，他敏感地意识到这是一个把自己的吉列剃须刀推向世界的好机会。

于是，吉列本人向政府提出建议，愿意以优惠折扣价，把自己的新产品卖给政府，提供给在前线的士兵使用。几年后，战争结束，美军士兵已养成了使用吉列剃须刀的习惯。大批盟军回到各自祖国，也就把吉列剃须刀带到了世界各个角落。

建立起自己的品牌，吉列对于公司的经营，一直保持着一个范围宽泛的价格范围，从杂货摊上售卖纸包装刮胡刀，到20世纪80年代公司的旗舰产品特拉克。吉列公司的管理者认识到它的客户群正在分成多个层次，他们也认识到金字塔陈品模式的巨大价值，并利用这个模式为自己开发出巨大的潜力。

在20世纪80年代后期，吉列公司再次取得了技术上的突破，第一次推出了感应剃须刀，它一举成为公司的高档产品。这种产品卖出了数百万只，较高的价格为公司带来了巨额收入和利润。随后公司又开发了超级感应刀架。这种产品虽然卖得较少，但获

王牌二
品牌效应——树立品牌，打造行业良好口碑

取的利润也同样可观。

作为吉利公司的创始人，金坎普·吉列依靠自己敏锐的意识，抓住机会，树立起自己的品牌。但是面对企业未来的发展，他能够取得成功，更多依靠的是自己丰富的产品类别。充分挖掘市场中潜在的客户，通过区分产品型号，不断推出新产品，制定不同价格，来最大程度地拓展自己所占领的市场范围，同时又最大程度为企业创造利润。

如果一个企业只是单一生产一种产品，并且不懂得对产品进行更新换代，那企业经营可能会很难获得成功。也许在一段时期内，这种产品可以获得市场热销，企业可以获得不错效益，但这样的成功，往往很难进行维持，也许不用多久，企业所取得的成就，就会变成"明日黄花"。为了预防这种情况的出现，就要提早准备，当企业能够开发出更多类型的产品时，企业的市场开拓也就会有更多的空间，企业的获利能力，也就会得到更好的提升，企业的品牌也就拥有更大效力。

丰富产品类别，不仅是企业发展的一个最有利的手段，对于应对市场竞争，也具有同样重要的作用。

美泰公司是美国著名的芭比娃娃的生产商。公司在推出芭比娃娃后的几十年时间里，总是在不断面对各种各样的模仿者，面对一波又一波低价格产品的冲击。公司的经营者经常会遇到尴尬的局面。他们刚刚推出一个价位在20—30美元的芭比娃娃，模仿者马上就会制造出一个15美元的仿制品。

为了扭转这种被动局面，美泰公司最终研究了一个方案。公司史无前例地推出了一款价格为10美元的芭比娃娃，这样低的价格几乎无利可图。这款芭比娃娃进入市场后，立即吸引了女孩子的目光，让她们纷纷走进美泰公司的各个芭比娃娃专柜。这一款芭比娃娃的推出，对模仿者是致命的，仿造品很快就消失了。

与此同时，美泰公司不断收到来自全国各地专柜的捷报：一开始仅仅购买10美元芭比娃娃的女孩子们，又在不断继续购买其他辅助性的玩具设备，美泰公司从这些辅助设备和玩具中大获其利。

仅购买一个芭比娃娃花不了多少钱，但如果按照包装提示，将芭比娃娃的各种小佩饰全部购买齐全，那所花费的钱就是一笔不小的数目，甚至芭比娃娃的一个小化妆盒都比芭比娃娃本身价格高。而这正是美泰的成功之处，依靠一款产品，带动其他相关产品的消费，最终才能为企业带来最大的利润。

在捷报频传的同时，美泰公司并没有停止自己开发产品的步伐，它开始重新寻找其他可以获利的商品。

经过分析与调查，美泰公司最终将目光聚焦在一款价值在100—200美元的芭比娃娃身上。这款芭比娃娃的目标客户，不再是那些小女孩，而是那些小女孩的妈妈。因为这些妈妈在20或30年前也是玩着芭比娃娃长大的，在她们的记忆中，对于芭比娃娃会有着深刻的记忆。而现在的她们拥有可以支配的金钱，这些妈妈会非常乐意给自己买上一个精心设计的芭比娃娃，以唤起自己对过去美好年华的回忆。这种芭比娃娃已不再是单纯的玩具，而是一件具有纪念价值的收藏品。就像瓷器、茶壶或邮票，爱好者会情愿花大价钱购买。美泰公司在给客户带来极大满足的同时，也给企业带来了丰厚的利润。

面对激烈的竞争环境，丰富产品类别无疑是美泰公司打造自身品牌最有效的方式。面对众多的模仿者，通过开发出一款微利产品，就将对手完全击退，同时依靠更多衍生品的业务拓展，为企业带来可观的收益。美泰公司推出一款具有纪念意义的高价位芭比娃娃，不仅极大地迎合了成年人的消费心理，在为企业带来巨大利润的同时，也为自身品牌打造出了更丰富的内涵。

构建产品的金字塔并不仅仅是不同价位产品的简单罗列。一个真正的金字塔是一个完整的系统，其中较低价位产品必须有明确的市场对象，同时又要能严格控制自身的成本，同时，高价位的产品，必须要有准确的消费定位，这样才能让这些产品能够顺利销售出去。对于拥有完善产品线的企业来说，它的市场地位是最为稳固的，竞争对手不可能指望依靠比你更低的价格抢走你的市场份额。

赞助公益，打造企业品牌的正面形象

赞助公益事业实际上也可以称作是一种变相的广告，只不过你没把钱捐给媒体，而是把钱捐给了那些需要帮助的人。媒体虽然没收你的广告费，但是基于媒体的责任，他们仍然会让你在其出版物上获得一席之地。而你从中所得到的广告效应不仅丝毫不减，还可以借此时机对自己的企业形象进行正面的宣传，可谓一石二鸟。

众所周知，广告宣传现在已经成为了企业市场营销策略的重要组成部分。其实，广告这种东西只有一个作用，那就是帮助一家企业或是一种产品扩大其知名度。

要说这知名度，其实是不能当钱花的，但是知名度却可以帮助一家企业获得取之不尽的滚滚财源。这其中的原因涉及相当深奥的广告心理学的范畴。简单来说就是利用人的潜在心理，让他们在选择购买对象的时候会倾向于那些在广告当中看见过的产品。因为他们已经在潜意识当中将这些产品当作名牌产品了，购买名牌产品当然是一件很有面子的事情。因此，做广告成了每一个商家扩大自己知名度，为自己造势的必然选择。

王牌二
品牌效应——树立品牌，打造行业良好口碑

但事实上，要想扩大公司的知名度，做广告并不是唯一的选择。还有另外的一种方法，这种方法所消耗的成本不见得比做广告更多，但在扩大自己知名度的同时还会有企业形象方面的额外收入，这种方法就是赞助公益事业。

让我们来算一笔账。在央视《新闻联播》前后的黄金时段购买10秒钟的广告时间要花多少钱？恐怕没有个几千万是绝对下不来的。但是你不妨考虑一下，如果你把"捐"给电视台的这几千万高调捐献给希望工程，会有什么效果？媒体会连篇累牍地报道，记者会连续不断地上门。

不要说是在《新闻联播》前后争取10秒钟，你和你的企业甚至可以成为《新闻联播》当中一条长达1分钟的新闻，你在其中还能有20秒的自由发挥时间。而且，在老百姓心中，为公益事业大规模捐款的那肯定是做好事的大善人，大善人的公司里生产出来的东西还会差吗？自此之后，你和你的企业都可以功成名就，企业成为国内知名企业，你自己成为中国著名企业家。

我们在这里不作封建迷信的宣传，但如果你是一个有信仰的人，那么在赞助过公益事业之后，你还可以得到内心的安宁。这样算下来，赞助公益和做广告哪个更划算也就一望可知了。

柯达公司是世界上最大的影像产品及相关服务的生产和供应商，世界500强企业之一。中国是柯达公司在世界上的第二大胶卷市场，仅次于美国，而且在不久的将来，中国市场极有希望成为柯达获利最多的市场。曾任美国驻华外交官的著名女企业家叶

67

莺，在出任柯达中华区域副总裁兼对外事务部总经理之后，大力推动柯达在中国的企业形象建设，依靠着强大的社会公益活动宣传攻势，使柯达在取得中国政府支持与信任的同时，自身形象在中国老百姓心中也一下子变得高大起来，进而推动了柯达事业在中国的迅速发展。

1999年，柯达无偿出资100万元人民币用于厦门的城市绿化建设，并出资兴建柯达园，多次组织员工参与种树绿化环境等活动。与此同时，柯达汕头废水处理厂也是柯达公益行动的重要组成部分。

2000年，柯达（中国）股份有限公司汕头分公司无偿为70所学校的3000名学生提供环保知识培训。这件事在潮汕地区引起了极大的反响，为柯达公司的企业形象建设做出了极大的贡献。

2002年，柯达响应中国政府开发西部的策略，先后分别向四川省、陕西省和重庆市政府捐赠15万美元教育资金，这笔资金分别被用来支持四川省的英语教师培训、陕西省的旅游人才培育和重庆市城市建设人才的培养。此外，柯达还出资支持上海市政府的"4050"再就业培训项目，帮助下岗职工获得重新就业的技能。柯达还为西安、成都、重庆市捐赠了城市教育基金。同年，柯达还与上海宋庆龄基金会合作设立龙的传人在柯达——柯达科学奖，鼓励中学生进行科学探索和发明创造，支持中国培养科学技术人才。

2003年，柯达向北京大学新闻学院捐款10万美元设立了柯达财经/体育记者培训项目。

这一笔笔的捐款虽说数额并不大，对于柯达这种世界顶尖的大公司来说也绝对是九牛一毛，但造成的影响遍及小半个中国，让几亿中国老百姓对柯达刮目相看。

可以看出，柯达在公益方面所关注的，一是环保，二是教育。环保可以称得上是现在全世界最高尚的一项事业；而教育，恰恰是中国普通老百姓所最关注的。柯达公司在公益事业上花费这么多心思的目的，当然是要包装企业形象，用这样的公关方式来赢得新一代中国人的认同，为企业的产品营销造势。柯达出色的公益公关，使得柯达每到一地，都在当地企业公民心目中树立起了"良民"企业的形象。在老百姓眼里，柯达虽然同样是来赚中国人钱的外国公司，但是他们知道回馈社会，知道感恩，这样有良心的企业，谁不喜欢？

事实上，这一笔笔的捐款每一次都成了柯达的活广告，这样的广告不带有一丝的铜臭味，但却在一点一滴地为柯达积累着人气，为柯达营造着势头。像这样的"捐款政策"毫无疑问地为柯达公司带来了极其重大的收益，在很大程度上强化了柯达公司正面的品牌形象。

做好品牌的同时，还要做好品牌维护工作

品牌也具有自己的时效性，没有任何一个品牌，可以在市场中保持长盛不衰的业绩。企业费尽千辛万苦建立起一个品牌之后，一定要树立起维护品牌的意识。要做好品牌的防伪工作，要严把自己的生产质量关，这样才能使自己的品牌在市场中拥有屹立不倒的位置，才能让品牌成为企业一个延续不断的利润来源。

每个企业都想拥有自己的品牌，他们会花费巨大的人力、物力去创建属于自己的品牌，品牌会成为企业发展最有力的助推器。当一个企业树立起品牌之后，如何维护自己的品牌就成为管理者的首要任务之一。对此，千万不能掉以轻心，如果因为一时疏忽，让他人伪造、产品质量存在问题等原因让这一品牌最终失去市场效力，那最终带给管理者的，必然是一个不可挽回的悔恨。对于任何一个企业来说，手中拥有一个王牌之后，一定要注意时时维护，这样才能让手中的这张王牌，在生产经营中发挥出最大效用。

太阳食品系列在20世纪90年代曾经历大起大落，达到了它的辉煌，也遭受了重创。可以说，从它身上，我们可以看到在中国市场经济初期，企业本身的稚嫩和所存在的缺陷。

王牌二
品牌效应——树立品牌，打造行业良好口碑

其主打品牌就是太阳牌锅巴，占据总销售额的60%。在西安和全国市场中曾风行一时，在消费者中享有很高声誉。

1992年，该公司负责人李照森陷入了经营困境。他坚持进行打假，但政府相关负责人员到郊区抓了人，可第二天就又把人放了出来，对造假者无法构成足够威慑。何况仅仅作为一个西安本地企业，又怎么能够对抗全国范围内浩浩荡荡的仿冒大军？虽有一腔怨气，太阳公司打假行动最后只得不了了之。当兆信电码防伪技术在西安推广的时候，李照森也毫不犹豫地首先采用了这一技术，但是这并不能成为太阳锅巴的保护神。由于锅巴产品本身易复制性和口味上无巨大差异空间，人们在选择锅巴时，对品牌忠诚度并不显著。太阳公司当时推出欲占领低端市场的散装锅巴，更使得家庭作坊式的锅巴产品有了涌入锅巴市场的可乘之机。与此同时，产品过剩生产、劣质锅巴涌入，迫使"太阳"锅巴陷入价格大战，结果不仅失去原有商业的网络，其市场地位也受到很大冲击。

一段低落的时期过后，太阳食品公司经过对失败的冷静分析，决定重新制定自己的营销战略，主要精力仍然放在加强"太阳"品牌的形象上。但即使太阳食品在包装设计上做了很多改进，从根本上消除了假冒产品存在的隐患，而且在产品品种方面也增加了7个新的系列品种，但太阳锅巴的市场表现并未出现太大的转机，直到现在仍然成绩平平。

太阳锅巴有喜也有悲，它的成功与失败都与它的品牌紧密相

关。从品牌建设角度来看，太阳锅巴的成功可以归结为品牌定位的准确和充满力度的品牌宣传。而太阳锅巴失败的一方面，同样在于没有经营好自身的品牌。最终使假冒伪劣产品有机可乘，破坏了太阳锅巴在市场中所形成的形象和所拥有的销售渠道，最终使企业利益受损。

另一方面，作为食品企业，并没有显著的区别性，太阳锅巴没有最重要的产品特点，没有太高的技术含量和不可复制的专属特性，它不能像可口可乐那样有自己独特的配方，当竞争者来临时不能维持自己品牌的独立性，也是这一品牌最终走向衰落的一个重要原因。

在全球市场范围内，打假防伪对任何一个企业都是最为重要的工作之一。如果任由假冒伪劣产品在市场泛滥的话，那只会为自己企业未来的发展陷入困境。但令人感到担心的是，在改革开放的初期，我国许多企业尤其是私营企业对包装防伪非常不重视，甚至会以自嘲的态度认为"有人假冒是在替自己打名气，同时还挤占了其他品牌的市场"，这种看法实在是大错特错，等到自己的产品销量被假冒产品冲击得一塌糊涂时，再后悔就已来不及了。

不仅要维护好自己的品牌，还要努力开创自己的品牌，要不断开发出新的产品，要用尽各种方法，使老百姓对这一品牌拥有极高的忠诚度。如果一个企业不能使他的品牌在市场上拥有长久的效力，那距离失去自己的市场的阵地也就不远了。双星集团董事长汪海这样认为，实践使我们认清这个道理，没有品牌的竞争是无力的，没有品牌的市场是脆弱的，没有品牌的企业则是发展

王牌二
品牌效应——树立品牌，打造行业良好口碑

最不稳定的企业。

几年前，某建筑施工单位刚刚走向市场，在自己家门口接到一个公路铺建的工程项目，由于管理不善，最终工期拖延、质量差，虽然勉强交付，但企业牌子却因此"砸"了。在此后几年时间里，尽管单位通过努力，不断改善了管理水平、提高了职工技术素质和机械施工能力，但因为先前留给公路建设单位的印象已经无法抹去。这个单位不仅在自家门口失去了市场，就是到外地去参与工程投标、资格审查也常常会被排除在考虑之外。相比之下，有些建筑企业无论进入哪个施工领域，都会千方百计地创立自己的牌子，维护自己的牌子，在自己牌子的招引下，才能占据一方市场，为自身良性发展打下最坚实的根基。

创品牌，树信誉，这是当今市场竞争环境下必要的生存手段，更是私营企业求生存、谋发展的最佳途径。一个企业要想在社会中生存，要想获取自己发展的地位，就必须首先在社会当中，建立起自己的"声望"。在良好声望的影响下，各种社会资源才能汇聚到自己的企业当中，消费者对你的产品进行接纳，而企业发展也拥有最大的空间。

在经营企业的过程中，建立品牌，只是一个敲门砖，要想未来的道路更加通畅，一定要维护好自己的品牌。要保障品牌的质量，要使品牌拥有长久的活力，这样才能让自己未来的发展拥有最有力的保障。

人大凡吃亏，一般都有两种因素：一种是因小失大，顾此失

彼；二是虽有前车之鉴，但不足为戒式，没有接受教训，仍存有侥幸心理，最终让自己蒙受更为巨大的损失。企业的经营管理者一定要切记，没有自己的品牌，在市场中就无立锥之地，不要因为成本太高或者维护麻烦等原因，而忽视对品牌的建立。如果拥有了品牌，就一定要好好珍惜，千万不要对品牌维护失去警戒，眼看着自己的品牌遭受"侵蚀"，而不采取任何挽救措施，最终等到完全砸了自己牌子的时候，才明白即使花费千百倍的努力，也不可能再进行补救。要想经营好企业，就必须打造好企业的"面子"，要时时"清洁"，常常"保养"，才能使自己的形象深刻地嵌入到每个人的内心之中。

王牌三
战略规划
——高瞻远瞩，制定高端前沿策略

下围棋，走一步看一步的人是庸手，走一步看三步的人是高手，走一步看十步的人是国手。那些商业领域的"国手"，那些成功的企业家，无一例外都是走一步看十步的人，这就是战略规划。战略规划能力决定着你是否有资质成为一个真正成功的企业家，战略思维也正是那些站在商业领域顶端的企业家和普通人之间最大的差异所在。

单纯的模仿不会取得成功

世界上没有任何一个人，任何一家企业的成功之道是适合后人去模仿或照搬的。每一个企业的管理者都应该时刻去考虑，什么样的道路才是适合自己特点的道路。单纯地模仿他人，既是庸人，更是懒人。

比尔·盖茨、巴菲特、马云、任正非……这些人是如何走上成功之路的？他们是如何经营自己的企业的？实际上，他们之间并没有太多的共同点，而是在通向成功的道路上各自踩出了一条属于自己的小径。

作为一个普普通通的企业经营者，我们要跟在他们后面亦步亦趋吗？然而，世界上还有那么多和他们一样的成功者、企业家，我们又要向哪一位学习？每个成功者都走出了属于自己的路，而我们又要走哪条路呢？大道甚夷，而人好径。别人走过的路，也许对于他们来说是捷径，但放到我们身上就未必合适。正如大象可以迈过一条小溪，而蚂蚁只能绕道而行。古人邯郸学步，而今天我们却依旧走在这样的迷失中。

不同的文化传统，不同国家、地区的企业不可能用完全一样的成长模式，因为管理本身就是一种没有终极答案可寻的理论。管理一家企业就好比是统帅一支军队，兵法讲究虚则实之，实则虚之，变化之妙，存乎一心。没有任何一个成功的大企业家是沿着别人走过的道路发展起来的，生搬硬套兵书上的东西最后当然也就只能成为纸上谈兵的赵括、马谡。事实上，在这个世界上没有什么行事准则一朝有效就可以保证放之四海而皆准的，更没有完美万能的公式或方法。所以最好的经书就是"无字真经"。

藤原君是日本著名企业家，但在创业之前，他不过是个清理城市街道的环卫工人。同事们对于这种早出晚归、平庸且单调的生活早都已经习以为常，而只有藤原君却心有不甘。每天看着停在马路边的名车、高楼，藤原君心中不由生出向往。

工作之余，藤原君不忘寻找财富的机遇。一个偶然的机会，他听工友说当时金属材料很值钱，于是就暗自琢磨：我每天清洁垃圾桶，都会拾到很多易拉罐，这些易拉罐都是用金属做成的，若是将它们熔化了，那不就变成金属材料了吗？那样不就可以挣钱了吗？

想到这里，藤原君急忙跑回家，把以前捡来的一个个空易拉罐剪碎，装进自行车的铃盖里，熔炼成一小块银灰色金属。

这个时候，藤原君并不知道这块金属是否能用，于是就带着这块金属到有色金属研究所去化验。结果，化验报告表明，这是一种很值钱的金属材料——铝镁合金。当时，在日本市场上，铝锭的价格是空易拉罐的十数倍。这样算下来，要是将易拉罐简单熔炼后，其价格就有了巨大的提升。

看到这里蕴含着巨大的财富，藤原君下定决心，辞掉了环卫工人的工作，靠回收、熔炼易拉罐改变了自己的人生。经过3年的努力，藤原君从一个平凡的环卫工人摇身一变，成为了坐拥亿万财富的成功人士。

纵观藤原君的成功经历，他并没有沿着前人走过的路向前进，而完全是凭一己之力，同样达到了那些曾让他仰望的高度。藤原君是一个真正的成功者，而他的成功之路不是照搬来的。而事实上，如果他一门心思地想要模仿前人，也绝不可能想到熔炼易拉罐这条生财之道。

再看看我们华人真正的骄傲——李嘉诚。在许多企业一味地模仿西方管理模式的时候，李嘉诚则以自己独到的管理模式，首先适应了国人。

李嘉诚说："我的管理模式，原则上是西方管理模式，但是我对西方经典的管理模式进行了改进，我在其中加入了中国的文化哲学。你们听到西方国家叫作 Quarter – CEO（季度首席执行官）。如果一年做得不好，你这 CEO 就应该打好包袱，立刻回家。但是我会去看，去分析，比如一个行业，这个行业本身不景气，大家都在赔钱，同行们掉了90%，我们只掉了60%，这个 CEO 我非但不会炒掉他，反而要奖励他。人家掉了这么多，你掉了这么少，说明你是有真才实干的。但是假如有一个行业，人家赚的是100块钱，我们赚80块钱，那我就会问：为什么人家赚得这么多，你

王牌三
战略规划——高瞻远瞩，制定高端前沿策略

赚得这么少？虽然你也在盈利，但我还是要责备你，让你好好总结经验教训。"

李嘉诚的管理模式融合中外，既讲科学，又重感情。他认为，美国科学化的管理有它的优点，可以应付急速的经济转变，但太不通人情，业绩不太好时他们就会进行大规模裁员。但中国是既讲道理也讲感情的，太不通情理是不行的，员工会说你没有人情味，感觉自己没有安全感，也会导致许多人突然失业。我们糅合两者的优点，以外国人的管理方式，加上中国人的人情理念，以求员工最大化的干劲和热诚。这就是李嘉诚的管理哲学。

世界上没有两个完全一样的指纹，没有两个完全一样的人，同样，也没有两家完全一样的企业。别人为自己的企业量身打造的战略思维再怎么成功，那也是人家的，如果你硬要生搬硬套，也就只能像是穿了别人的鞋子一样，处处磨脚，走不舒坦。

因此，世界上没有任何一个人，任何一家企业的成功之道是适合后人去模仿或照搬的。每一个老板都应该时刻去考虑，什么样的道路才是适合自己特点的道路，时刻去思考，什么样的发展战略，才能让自己的企业更好更快地发展。单纯地模仿他人的人，既是庸人，更是懒人。

步子迈得稳，企业才能走得远

　　巨大的成功往往会冲昏经营者的头脑，让他们头脑发热，做出许多急功近利的决定。这些决定实际上是在给企业埋下各种各样的隐患，给未来制造危机。因此，无论在什么时候，企业的经营者都要保持冷静，绝不贪功冒进，轻易地把企业置于危险的境地。

　　道家有一种治国思想，叫做"无为而治"。道家之所以要"无为"，为的就是能让老百姓安居乐业，每个人都可以享受自己的劳动果实。对于一家企业，无为的政治思想同样可以发挥自己的作用。当然，我们这里所说的"无为"并非是完全无所作为，任由企业自行发展；更多的是要告诫企业领导者绝不要贪功冒进，只有步子迈得稳，根基扎得牢，才能够有长远的发展。

　　格兰特公司是美国著名的日用品零售公司。一开始，格兰特在马萨诸塞州的一个小镇上开了一家鞋店，经过多年的努力经营，积累了一定的资本，于1906年用自己的全部积蓄1000美元，在林恩市投资开办了一家日用品零售店。

　　20世纪初，由于美国的经济发展迅速，格兰特的商店适应了市场需求，生意很好。接下来的几年时间，他又相继在美国的一些城市开设了几家连锁店，这些分店的盈利也非常好。

然而到了 1968 年，情况就急转直下。当时，格兰特年事已高，将公司交给查理德·迈耶管理。年轻气盛的迈耶非常大胆，他不顾及任何一家商店从创业到成熟都需要有一个被消费者认识的过程，而且任何一个公司都时刻面临着竞争。在对这些都没有基本认识和研究的前提下，他就放手开始大规模地增设连锁店，一味地扩大经营规模。

20 世纪 70 年代中期，格兰特公司的发展达到了顶峰，在各地的连锁店已增长到 8 万多家，这个数目是 10 年前的 1000 倍，其扩张速度远远超过美国任何一家零售公司。而迈耶也为自己的果敢而洋洋自得。但是，在这样的情势下，格兰特公司的销售额并没有随着分店的增多而增长。相反，每家分店的平均销售额都在迅速下降。

为什么会如此？企业高层展开了调查。这时他们才发现，原来新店的增多，导致了经营费用的增加，而公司的销售额下降肯定会使经营成本增加，这样一来，格兰特公司开始由盈转亏。由于连年的亏损，格兰特公司不得不向银行贷款。结果公司债台高筑，信誉急速下降。

格兰特公司的陨落速度非常快，不出两年的时间，就因为资不抵债，向法院提出了破产申请，成为美国零售业中最大的破产公司。

格兰特公司为什么会由盛转衰？为什么会迅速破产？原因就在于其第二代领导人理查德·迈耶过于贪功冒进，把企业的经营规模扩得过大。过大的经营规模会使企业的负担急剧加重；而承受不起这样负担的结果，也就只有破产这一种可能了。

巨大的成功往往会冲昏经营者的头脑，让他们头脑发热，做出许多急功近利的决定。这些决定实际上是在给企业埋下各种各样的隐患，给未来制造危机。终有一天，积累到一定程度的危机总会一个个爆发。但到那时，经营者再想回头，可就为时已晚了。

因此，无论在什么时候，企业的经营者都要保持冷静，知道什么样的事情能做，什么样的事情不能做。绝不能贪功冒进，轻易地把企业置于危险的境地。要知道，步子迈得稳，企业才能走得远啊！

创新是企业长久发展的唯一出路

在商业竞争中，领先的一方需要不断创新，因为他们要想维持住自己的领先态势，就必须不断地想出新的吸引客户的点子，以便守住自己的既得利益。另一方面，处于追赶状态的一方同样需要创新，因为他们本身就在竞争当中处于劣势，如果拿不出什么特别的东西，客户们凭什么要放弃自己原来的选择，转投你的

王牌三
战略规划——高瞻远瞩，制定高端前沿策略

旗下？因此，只要市场竞争存在一天，创新就是企业必须要做的事情，只有创新才是企业长久发展的唯一出路。

如今在商场上，在各行各业中，每个企业都想出类拔萃，发展壮大，尽可能地多赚钱。这就是现代商业竞争如此激烈的原因。在商业竞争中，领先的一方需要不断创新，因为他们要想维持住自己的领先态势，就必须不断地想出新的吸引客户的点子，以便守住自己的既得利益。另一方面，处于追赶状态的一方同样需要创新，因为他们本身就在竞争当中处于劣势，如果拿不出什么特别的东西，客户们凭什么要放弃自己原来的选择，转投你的旗下？因此，只要市场竞争存在一天，创新就是企业必须要做的事情，只有创新才是企业长久发展的唯一出路。

在国内的电视传媒领域，湖南卫视能够从几十家省级电视台当中脱颖而出，迅速上位，靠的就是创新。就拿连续几年引发公众讨论的"超级女声"节目来说，从商业的角度点评，用疯狂与火爆来形容一点不为过。在疯狂与火爆的背后，策划机构和冠名单位皆大欢喜，尤其是作为策划机构的湖南广电，成为"超女"节目的最大赢家。"超女"，不得不说是湖南卫视的一大创造。

作为一个以创新著称的传媒群体，湖南广电总是能够不断给中国传媒领域带来新的惊喜。因为力推"超女"显然已经成为湖南广电的一个集团战略，在这样的战略指引下，"超女"充分调动起湖南广电的所有强势资源，新品牌在这样密集的力度与创新思维的推动下，想不红都很难。

对于2005年"超女"商业开发的回报，在2006年4月2日"2006超级女声"的启动仪式上，主办方做了一些简要阐述：2005年"超女"初评的冠名、广告插播以及一些相关产业开发的总收入就有1个多亿！

2006年"超女"正式启动后，冠名单位的大量电视广告在全国从中央到地方的媒体进行播放，出于商业上的考虑，他们必将调动企业的各种资源积极推动"超女"的继续"火爆"，从这个角度上看，他们已经与湖南广电、天娱传媒结成了利益共同体。

如果评价"超女"经济的价值，其实并不在李宇春、张靓颖、何洁等"超女"身上；谈及"超女"营销的本质，也并不是在于"超女"的形式、内容等。在一场"超女"经济的盛宴中，其实最为关键、核心的资产是"超女粉丝团"。因为有大量这样群体的存在，合作媒体才会如此积极；能够吸引这类人群对自己媒体的关注，赞助企业才会如此投入——一言以蔽之，就是刺激这类人群产生购买冲动，这才是"超女"这一全新娱乐节目的最大商业价值。

在我们上中学时，总是很骄傲，认为自己已经懂得很多，已经是大人了。可是再过几年，当跨过了20岁的门槛，真正进入大学踏入社会，我们才发现其实自己懂得真少。甚至直到步入社会，我们也还只是别人眼中的孩子。闭关自守、坐井观天，永远只能看到巴掌大的一块天；跳出井口，打开大门，你才能在广阔的天地里尽情驰骋。

做人做学问是如此，经商也是一样。在你经商的过程中，同样是越发展就越知道发展的重要，越创新就越知道创新的必要。如果你想在商场上有所作为，那么闭关自守、故步自封是不行的。哪怕是在市场上拥有举足轻重的影响力的大企业，也同样经不起保守，也同样需要不断创新来维持企业的勃勃生机。企业要想发展，只能不断创新。

与时俱进：企业发展战略的核心思想

要想让企业打破"富不过三代"的生死循环，就必须紧跟时代的步伐，与时俱进，把开拓精神融入企业文化，并且将其作为企业发展战略的核心思想来对待。否则，其他一切的经营手段和战略思想全都是空谈。

"一治一乱"这是历史的一大规律。为什么社会会在被一个朝代带入太平盛世之后短则几十年，长则上百年的时间之后就一定会重新迎来一段四分五裂、战争不断的乱世呢？这是因为在太平盛世里，人们衣食无忧，思想会松懈，进取心会被消磨，慢慢也就失去了之前那种不断拼搏，不断开拓的精神。

实际上，企业也是这样的。再加上现在的市场竞争如此激烈，因此商场上"兴衰成败"的戏码几乎是每天都在上演。常言道"富不过三代"，就是这个道理。

既然知道了这个道理，我们就要尽可能地去打破这个"生死循环"，方法就是把与时俱进，把开拓精神融入企业文化，并且将其作为企业发展战略的核心思想来对待。

北京同仁堂是中药行业闻名遐迩的老字号，中药业的第一品牌，创建于清康熙八年（1669年），创始人乐显扬。清雍正元年（1723年）同仁堂开始供奉御药房用药，享受皇封特权，历经八代皇帝，长达188年。

同仁堂创立至今已经有300多年了。现在的同仁堂能够生产中成药24个剂型，经营中药材800多个品种、饮片3000余种；并有47种产品荣获国家级、部级和市级优质产品称号。同仁堂集团下属的上市公司北京同仁堂股份有限公司2006年实现主营业务收入30亿元，净利润13亿元。300多年，那是十几代人的时间，为什么同仁堂没有陷入富不过三代的"魔咒"当中呢？没错，正是与时俱进、不断适应时代和市场要求的精神帮助了他们。

客为导向一直是同仁堂的信条。多年以来，同仁堂抱着"同修仁德，济世养生"的堂训，不断开发新品种，把同仁堂祖上传下来的经典药材乌鸡白凤丸、牛黄清心丸、大活络丹、安宫牛黄丸等进行市场化运作，加入到市场竞争的行列中去。与此同时，同仁堂还主动涉及营养保健品、药膳餐饮、化妆品、医药机械等

王牌三
战略规划——高瞻远瞩，制定高端前沿策略

相关产业，并提供有关的技术咨询、技术服务等等。这些经营方式和服务手段都是古时候没有的，但是在现代，这些却都是患者们最需要的。随着时代的变迁不断满足患者的需要，这就是同仁堂能够屹立至今的诀窍。

不仅如此，同仁堂现在不但还"活"着，而且"活"得还相当好。1997年，国务院确定20家大型企业集团为现代企业制度试点单位，同仁堂作为全国唯一一家中医药企业名列其中。同年，由集团公司6家绩优企业组建的北京同仁堂股份有限公司成立，同仁堂股票在上海证券交易所上市，这标志着同仁堂在现代企业制度的进程中迈出重要步伐。2000年3月，以北京同仁堂股份有限公司为主要发起人，联合集团公司及其他六家有相当实力的发起人共同组建成立了北京同仁堂科技发展股份有限公司。这标志着同仁堂实现了规范化的公司制的转变，也是体制上的一次重大变革。通过以上一系列的步骤，同仁堂已经从一家老式的药材铺成功转变成为一家现代企业。

1993年以来，同仁堂相继在香港、马来西亚、英国和澳大利亚开设了分店，与泰国合资组建北京同仁堂（泰国）有限公司。1997年7月，同仁堂股票在上证所上市，股票上市共募集可用资金3.42亿元。1997年12月，集团公司所属企业8条主要生产线通过澳大利亚GPA认证，为同仁堂产品进一步走向世界奠定了基础。2000年10月在香港成立了同仁堂和记（香港）药业发展有限公司，并在香港联交所创业板上市，募集资金2.38亿港元。这些资金在同仁堂的发展中起到了巨大的作用。

通过以上一系列的运作，同仁堂已经成为一家现代化的跨国公司。原本上给皇帝贵妃治病，下给平民百姓开药的京城第一药铺同仁堂现在不但早就不再依赖之前的那身"黄马褂"，而且在当今竞争极为激烈的制药业当中，面对那些来势汹汹的新兴企业甚至外资企业，始终保持着半个身位的优势，这无疑是同仁堂与时俱进的战略思想在起作用。

北京同仁堂已经有300多年历史，可以说是在中国这片土地上土生土长的老字号了。这期间，从大清前期的太平盛世到清末的屈辱和动荡，从民国时代的饱经战乱直到如今的改革开放，同仁堂这家"药铺"始终屹立不倒，这不得不说是一个奇迹。

事实上，越是这样的老字号，一旦面对时代巨变，就越容易被历史和商业向前发展的滚滚洪流所淘汰。同仁堂之所以能够撑过来，全在他们勇于冲破传统商业模式的桎梏，积极向成功的现代品牌学习，重视对品牌资产的培育。他们深知，只有不断创新，才能不被时代所遗弃，不被市场所抛弃，才能始终跟得上时代的脚步，让企业在越发激烈的市场竞争中始终处于优势地位。

因此，与时俱进，这是一家企业想要在商战当中保持优势所必须贯彻的战略思想方针，同时也是制订其他一切企业发展战略的先决条件。

王牌三
战略规划——高瞻远瞩，制定高端前沿策略

节约：企业发展的战略基点

实际上，对于一家企业的经营战略来说，有一种很重要的东西就是老祖宗留给我们的勤俭节约的美德。节约，从来都是一家企业发展战略的基点，失去了这一美德，企业赚多少钱也不够浪费的。

在进入正题之前，我们不妨先看看一则寓言，轻松一下。

从前，有个爱忘事的差人押送一个犯罪的僧人，动身前把各式各样东西清点了清点，编成顺口溜：包袱、雨伞、枷、公文、僧人、我。在路上一直走，心里一直念叨，光怕忘了。僧人很聪明，听他念叨，就发现这个差人有点愚。一天晚上，在客栈过夜时，僧人给差人买了一大坛子酒还有二斤酱牛肉。差人大吃大喝了一顿，没多久就醉了。趁着差人醉倒的工夫，僧人把差人的头剃光，把自己戴的枷给差人戴上，悄悄跑了。

第二天，差人清醒过来，清点东西一看，包袱、雨伞、枷和公文都在，僧人却不见了，他吃了一惊，不由得去摸自己的头。一摸光秃秃的，他笑了。心里说，吓了我一跳，闹了半天僧人在呢。转念又觉得不对，就自己问自己："僧人在呢，我哪儿去了？"

89

看着这个可笑的笨差人，每个人都会心一笑。但是，在笑的时候，我们不妨也反思一下，当我们为了企业的前途而殚精竭虑的时候，是不是也曾忽略了一些叫作"我"的东西？实际上，对于一家企业的经营战略来说，这种叫作"我"的东西就是老祖宗留给我们的勤俭节约的美德。节约，从来都是一家企业发展战略的基点。失去了这一美德，企业赚多少钱也不够浪费的。

失败的企业有各种各样失败的理由，但成功的企业无一例外都是讲究节约的。作为世界上最大的聚氯乙烯生产厂的台塑集团，就是一个节约型企业的典范。

台塑集团的员工食堂采用的是自助餐形式，让员工吃得满意，同时又避免了大量的浪费。为此，台塑集团董事长王永庆专门请几位营养专家花了两年时间，为台塑集团编制了一份详尽的"全年度统一菜单"。这份菜单对于员工每日的营养搭配，食堂的成本控制与采购方式等都进行了周全的计划，然后分发到各单位食堂，使其从采购、验收到每一道菜的制作方法都有章可循，这样一来就避免了食堂里产生的大量浪费，同时还让员工们对公司提供的午餐更加满意。

台塑集团在筹建生产高密度聚乙烯和聚丙烯工厂时，董事长王永庆仍坚持自己的节约理念。除制程和仪器设备向国外订购外，工厂筹建和基本设计等方面的工作全由公司自己负责，这样就节省了大量的设计费与工程费。结果是，聚乙烯厂总计花费 12 亿台币，聚丙烯厂总计花费 16 亿台币。在建厂成本上，假如美国人来做需要140元，日本人要100元，而王永庆的台塑公司只用67元就够了。

王永庆是穷苦出身，是靠做小本生意起家的，俭朴是他从小养成的习惯。他说："多争取一块钱生意是很难的，这要受外在环境的限制。但节约一块钱却很容易，而且不用看别人的脸色。所以说，赚一块钱的价值和节约一块钱的价值是一样的。"他的理念是："追根究底，点点滴滴求其合理化"，他认为：如果能消灭任何一丝不合理成本，那么企业才是完美的。

企业经营有一个简单的公式：经营利润＝经营收入－经营成本－税金。由于税率和税金是法定的，带有很强的刚性，可供企业把握的空间并不大。也就是说，企业要获取更多的利润，要么提高经营收入，要么降低经营成本，或者在提高收入的同时降低成本，也就是所谓的开源节流。

事实上，削减成本对于利润的影响是巨大的。大家不妨来算一笔简单的账。假设一件产品的售价是1000元，成本是900元，那么利润就是100元。如果将成本减少100元，那么利润就是200元。显而易见，成本减少了10%，而利润就增加了一倍。减少一分的成本，就能够增加成倍的利润。如果企业能够认真地做好成本控制工作，在企业内部削减一切不必要的成本开支，尽可能地节约，能省则省，哪怕只是把成本减少了5%，利润就有可能会增加一倍，即使利润率是10%，降低5%的成本仍然增加了50%的利润。

所以，企业要想赢利，削减成本是一条切实可行的路径。这也就是为什么把节约称作是企业一切经营战略的出发点的原因所在。

依靠独特定位，避实击虚占领市场

如果说一片市场已经被别人所占领了，但你偏要在这片市场里占有一席之地，那么之前的那些既得利益者们当然不会轻易放过你。如果这样的话，那还不如自己去寻找，去占领一片全新的市场来得划算。实际上这并不难，只需要你的一点灵感，并且在你的产品定位上稍稍动一点脑筋，然后就会发现，你的眼前豁然开朗。

在商场上，一块潜力巨大的市场，谁先占领，谁就能大赚一笔。而后来者虽然也可以赚钱，但同时也很容易遭到先来者的排挤，遭受更多的损失。

让我们换个角度来看，如果说一片市场已经被别人所占领了，但你偏要在这片市场里占有一席之地，那么之前的那些既得利益者们当然不会轻易放过你。如果这样的话，那还不如你自己去寻找，去占领一片全新的市场来得划算。实际上这并不难，只需要

王牌三
战略规划——高瞻远瞩，制定高端前沿策略

你的一点灵感，并且在你的产品定位上稍稍动一点脑筋，然后就会发现，你的眼前豁然开朗。

"万宝路"是一个国际知名的品牌，它是由美国菲利普·莫里斯公司生产的。多年以来，"万宝路"一直是各阶层男士钟爱的香烟，而美国菲利普·莫里斯公司也因为拥有这个品牌获得了巨大的成功。

但是，很多人并不知道，美国菲利普·莫里斯公司一开始并不生产男士香烟，而是以女士香烟为主。在19世纪40年代末期，菲利普·莫里斯开办了一家烟草销售商店。当时经营的品种几乎都是专为女士生产的香烟，烟味清淡，包装文雅。女士香烟有一个明显的特点，就是烟嘴是红色的，为了便于吸烟的女士掩盖唇膏留下的红印。

后来，女性吸烟的人群逐渐减少，香烟的主要消费者开始以男性烟民为主。于是，菲利普·莫里斯公司便决定生产男士香烟，并确定"万宝路"作为自己主打品牌的名称。

由于当时很多香烟厂家都开始转型生产男士香烟，因此男士香烟市场竞争十分激烈。如何独树一帜，赢得男性消费者的信赖，是一个关键问题。

为此，菲利普·莫里斯公司决定应该使用一则成功的广告来体现他们的消费者定位和品牌特点。

当时，美国西部有成千上万的牛仔，他们是香烟的巨大消费群体，而西部精神又是美国开拓精神的一个象征。因此，在"万

宝路"的广告中一位牛仔跨一匹雄壮的骏马，是一个典型西部牛仔的男子汉模样。在他的手中总是夹一支"万宝路"香烟，驰骋在美国西部大草原。就这样，"万宝路"似乎成为了美国精神的一部分。

自此，美国"万宝路"香烟的产品形象深入人心，以至于当时的一位文化界名人说："如果一个美国人打算变得欧洲化一些，他必须去买一部奔驰或宝马；但当一个人想要美国化，他只需抽万宝路，穿牛仔衣就可以了。"

一次成功的市场定位和广告营销让"万宝路"脱颖而出。直到今天，"万宝路"香烟销量一直居世界第一，成为全球香烟市场的领导品牌。

想让自己的产品变得畅销，其实就是这么简单。看看万宝路，他们所做的只是修改了一下产品的定位，然后重新做了一下广告而已，如此就成就了今天这样的超级香烟企业。对于你来说，其实做到这一点，也并不是很难。

依靠产品定位取胜的另一个著名案例是七喜。当年，在七喜上市之初的时候，美国的饮料市场早已经被众多可乐品牌所占领了。当时，美国可乐饮料市场的各品牌市场占有率为：可口可乐：百事可乐：荣冠可乐 = 10：4：1，可口可乐公司占据的垄断地位几乎难以动摇，新的可乐饮料面临的是强大对手的直接竞争，被公众心理认可并建立起牢固地位的可能性极低。

结果七喜天才般地把饮料分成可乐型与非可乐型两大类。"三大可乐"自然是可乐型饮料,而七喜则以自己非可乐型饮料代表的姿态呈现在消费者眼前,从而避免了与行业霸主可口可乐的正面冲突,开辟了新的市场空间;在竞争中占据了有利的位置,一跃成为市场上三大饮料之一。

战争讲究避实击虚,商业同样讲究避实击虚。避实而击虚的实质是要选择竞争对手的弱点,确定自己的目标市场。在市场争战中,要避开对手的强点、优势所在,特别是当竞争对手拥有规模优势,或在专利、商标、分销渠道等方面享有独占地位,这就是万宝路更改自己产品定位的初衷。

之所以将产品定位称之为避实击虚,是因为定位并不是对产品本身做什么改动,而是一种对市场的发现,对消费者心智的占领。因此定位的关键是要找出消费者心智上的坐标位置。坐标位置的选择主要由消费者的心理活动和竞争对手的策略这两方面因素所决定。因此,消费者内心的需要是我们进行产品定位的最大依据。只有深入挖掘消费者内心深处尚未被发现的潜在需要,才能够做到避实击虚,出奇制胜。

打造朝气蓬勃的"机动型"企业

所谓"机动型"的企业，简单来说就是那种拥有充足的人力、物力，具备优秀的创新能力以及强大执行力的企业。而这样的企业给人的感觉无疑是年轻而富有朝气的，这样的企业在市场上的竞争力当然也是毋庸置疑的。

何谓"机动型企业"？"机动"这个词有一个跟它意思非常相近的词，叫作灵活。所谓"机动型"的企业，简单来说就是那种拥有充足的人力、物力，具备优秀的创新能力以及强大执行力的企业。而这样的企业给人的感觉无疑是年轻而富有朝气的，这样的企业在市场上的竞争力当然也是毋庸置疑的。

在20世纪90年代，春兰是中国空调行业的霸主。据春兰空调老总陶建幸回忆说，当时春兰光在空调一项上，1994年全年就赚了近20亿元。但也正是在这一年，陶建幸已经意识到家电已经是夕阳产业，无论空调冰箱还是彩电，市场早晚要萎缩，利润早晚要下跌的。他认为，春兰仅仅依赖彩电、冰箱等产品的横向发展，即使做到极限，也区区不过几十亿元，这与春兰号称要做到数百亿元的规模相距甚远，相比之下，汽车产业的发展空间却是

王牌三
战略规划——高瞻远瞩，制定高端前沿策略

有目共睹。

于是，从那一年开始，春兰没有再在空调上多投入一分钱，而是把钱都投在了摩托车和汽车行业上。1995年，春兰投入了20多亿元，兴建了年产100万辆摩托车和100万辆摩托车发动机的生产线，迈出了自己进军摩托车汽车市场，同时也是展开多元化经营的第一步。之后春兰又以7.2亿元收购举步维艰的南京东风汽车公司，在中型卡车市场小试牛刀。春兰在转型的道路上走得虽然不够激烈，但足够扎实和沉稳，一切都在按着陶建幸的计划来进行。

在市场经济体制下，激烈的市场竞争让春兰体会到了什么是"逆水行舟，不进则退"。由于在几年之前，空调就已经不是春兰重点发展的产品了。因此在2002年，之前所欠下的"债"来了一个总爆发，春兰股份的业绩整整下滑了45.11%，差一点跌破证监会划定的业绩预警警戒线。但即便如此，春兰却并未遭遇太大的危机，因为经过这些年的发展和经营，春兰在汽车制造业内已经占据了相当的份额，2000年10月，春兰卡车冲上了国内卡车销售榜的前3名。到2002年已经进入行业前3名，当年的纯利润高达两个亿。也是在2002年，春兰研究推出国内第一项高能镍氢电池技术，并在2004年列入国家"863计划"，成为国内新能源的产业基地。5年之后，春兰的转型开始得到回报。

如果你认为在汽车行业打拼出一片天地就可以让春兰人和陶建幸得到满足的话，那你可就错了。事实上，春兰的转型还在继续。到目前为止，春兰设计了一个传统产业、现代产业和未来产业三级递进的产业发展格局：即以家电为主的第一支柱产业，以卡车为主的第二支柱产业，第三是以镍氢电池为基础的新能源产业。产业结构的合理化分配才是春兰人最引以为豪的事情，同时也是他们在市场上最有力的竞争资本。

从春兰的发展史我们可以看出，"机动型企业"就像是市场上的指南针一样，哪一种产业的前景好，潜力大，"机动型企业"的矛头就指向哪里。就像春兰，20世纪90年代是我国的家用电器产业蓬勃发展的十年，而春兰在冰箱、空调等大型家电的制造上取得了非凡的成就。进入21世纪以来，家电产业的竞争越发激烈，而潜力却已经所剩无几。再加上我国汽车产业的崛起，春兰就把自己的发展重点转移到了汽车产业上，并且同样取得了相当好的销售业绩。但是近几年，汽车产业的发展也逐渐到了一个瓶颈期，而春兰则早在2002年，就已经未雨绸缪地渐渐涉足了现在发展潜力最大的新能源产业，其在经营上的机动性确实非比寻常。

事实上，别看机动性让春兰始终保持着旺盛的生命力和蓬勃的朝气，要想做到这一点，成为一家具有较强机动性的企业却也并非易事。试想，若没有充足的人才，雄厚的资本，源源不断的创新能力和企业内部强大的执行能力，又怎么可能让企业无时无刻地进行转型呢？因此，要想打造一家朝气蓬勃的"机动型企业"，就一定得在上述几个方面多下功夫才行。

王牌三
战略规划——高瞻远瞩，制定高端前沿策略

做企业，要能委曲求全以小博大

小企业部门少，人员精干，决策程序简捷，因而效率高，行动容易统一。决策执行迅速，这也同样是小企业的一大优势。所以我们只要抓住大企业的不足，发挥自己的优势，照样可以以小敌大，以弱胜强。拥有了这样的战略思维，你的企业就可以在强者的夹缝中求生存，不断发展壮大。

一个非常现实的问题摆在这里：当你的企业在市场竞争中面对的是一个或者几个比你强大得多的对手时，你该怎么办？

不要认为这个问题离你很遥远。要知道，市场竞争，弱肉强食，你的公司肯定不是最有实力，最强大的那一个。

一般来说，大企业资本雄厚、人才济济、设备精良、管理正规，这些都是他们的优势。不过在与大企业竞争中，也不要被对方表面的强大所吓倒。其实，对手再强大，他们的实力再雄厚，也同样会有自己的弱点。如果能先委曲求全，不引起对方的注意，然后针对其弱点，以己之长克敌之短，也能制敌取胜。我们理应从那些成功的案例上面学习到这样的战略思维，因为任何一家成功的企业，都是从弱小逐渐发展起来的。

众所周知,电视是现在的传媒系统中最重要的一个分支,看电视也几乎是全世界所有人共同的一个习惯。人们从中愉悦身心、了解社会、获取信息,将自己与社会融为一体。

20世纪60年代末至70年代初,美国的电视业几乎全部由美国广播公司、全国广播公司和哥伦比亚广播公司这三家实力雄厚的广播公司所垄断。三大公司达成默契,通力合作,一致对外,并且不惜一切代价地坚决打压敢于踏足这一领域,与他们争抢利益的其他势力。面对如此联系紧密,如此根深蒂固的广播电视业三巨头,似乎任何人都不可能有实力在这一领域挑战他们的权威。

泰德·特纳在亚特兰大拥有一个小型超高频电视台——17台。但它的信号非常微弱,有时甚至在亚特兰大也接收不到。特纳发现,广播电视领域中还有一片尚未被三大公司控制的处女地,那就是电缆电视台。要知道,三大广播公司从来都是依靠卫星信号传输来把自己的电视信号覆盖到整个美国的。显然,这是一个进军广播电视业的天赐良机。

但特纳也深切地知道,以他目前的实力,如果贸然去和三大公司进行竞争,必然会落得个血本无归的下场,在那个战场上,只要三巨头针对他,他是绝对没有招架之力的。因此,特纳自己制定了"暗渡陈仓"的进攻策略,以求出奇制胜。一方面要给对手造成一种假象和错觉:特纳公司实力弱小,只能在不起眼的行当里维持生存,不敢涉足新闻制作领域,使三大公司忽视他的存在。另一方面则要不动声色地积蓄力量和资金。经营17台的经验告诉他,维持一家大型电视台的费用几乎是一个天文数字。

王牌三
战略规划——高瞻远瞩，制定高端前沿策略

特纳首先涉足的领域是生活娱乐节目。以电视新闻制作为主的三大公司素来瞧不起这个领域，认为凡是经营这种节目的电视台都是小打小闹。因为任何其他节目都不可能跟新闻争夺收视率，娱乐节目更不可能，而收视率却恰恰是电视行业最看中的一项指标，它决定着电视台的收入情况和生存状况。如果不委曲求全地经营娱乐节目，特纳的电视台恐怕早就被三大公司合伙挤垮了。

1973年，亚特兰大市举行勇士棒球赛，特纳觉得这是个好机会，于是就花高价买到了棒球赛的转播权。棒球是美国人的最爱，这次比赛吸引了数千万的美国观众关注的目光。这一次，他们只好将频道锁定在那个不起眼的17台上了。当地的广告商也第一次发现不应轻视这家电视台。

但特纳醉翁之意不在酒，他是要以棒球赛为契机，建立起崭新的以电缆为传输平台的电视网络，开发和占据这一片颇有潜力的空白地带。通过这次的棒球直播，人们终于认识到了电缆电视所蕴含的无穷商业潜力。再加上这次直播让特纳的电视台有了知名度，特纳的资金也更充裕了。由于已经在电缆电视领域占据了先机，在接下来的几年内，特纳的电视事业得到了长足的发展，凭借电缆电视一举崛起，成了全美范围内赫赫有名的大电视台，把美国电视业的"三分天下"变成了"四分天下"。现在，特纳旗下最有名的电视产业就是大名鼎鼎的CNN电视台。

泰德·特纳所做的这一切分明就是委曲求全以小博大的典范。"三巨头"相互之间联系紧密、壁垒森严，主要市场全部被他们所

垄断，业内其他的"小鱼小虾"们只能在他们的夹缝中求得生存的一丝空间。而特纳先是在娱乐节目领域委曲求全、韬光养晦，然后凭借电缆电视和转播棒球赛的机会一举上位。这不得不让人佩服他的谋略和胆气。作为一个美国人，把我们中国祖先传下来的能屈能伸的谋略运用得如此纯熟，实在令人赞赏。

事实上，企业越大就越肯花钱，所以你跟他在正面市场上硬拼，那肯定是徒劳的。但企业规模越大划分的部门就越多，部门越多人员预算就越高，成本也就会水涨船高。因而大企业虽然资本雄厚，但可以用来打价格战的空间却并不充裕。而小企业组织结构简单，成本，尤其是人力成本比较低，他们的利润率普遍要高于那些实力雄厚的大企业，因而只要能够始终保持低成本，坚持薄利多销的策略，大企业就很难能够奈何得了那些小企业。

与此同时，大企业机构复杂，决策程序繁多，因而效率不高，行动上容易导致混乱无序。而小企业部门少，人员精干，决策程序简捷，因而效率高，行动容易统一。决策执行迅速，这也同样是小企业的一大优势。所以我们只要抓住大公司的不足，发挥自己的优势，照样可以以小敌大，以弱胜强。拥有了这样的战略思维，你的企业就可以在强者的夹缝中求生存，不断发展壮大。

"浮躁心态"让企业铸成大错

那些在一夜之间暴富又在一日之内销声匿迹的人们最容易犯的错误就是浮躁。是浮躁让一些人在有了钱之后感到忘乎所以，是浮躁让他们在决策的时候忘记了自己应当随时观察商场的形势，是浮躁让他们的自信过度膨胀，变得刚愎自用，最终铸成大错。

那些在一夜之间暴富又在一日之内销声匿迹的人们最容易犯的错误就是浮躁。是浮躁让一些人在有了钱之后感到忘乎所以，是浮躁让他们在决策的时候忘记了自己应当随时观察商场的形势，是浮躁让他们的自信过度膨胀，变得刚愎自用，最终铸成大错。在商场上，领导者对自己情绪的管理至关重要。企业的领导者决定着整个团队的方向，代表着集体的利益。

因此领导者的每一个决策，都必须经过冷静沉着地分析，在认真权衡利弊之后再做出。在浮躁心态影响之下的任性决断，只能把整个团队导入歧途，注定会得不偿失。

为什么有的企业会成为历数十年甚至上百年而不衰的世界名企，而有的企业就注定只能成为流星？这其中的差别就在于那些世界名企在达到兴盛的顶峰之后就开始转攻为守，渐趋沉稳，而那些"流星"们却在发迹之后变得越来越浮躁，最后失去了对当前形势的把握和对自身实力的认识，都不知道自己要的是什么，自己正在做什么了。这样的企业又怎么可能不衰败呢？

商场有风险。生意往往就是如此，你越是着急，事情就越是不成功。这不是冥冥中的什么力量在操控一切，而是因为焦急和浮躁会让你失去清醒的头脑，使你无法冷静地思考和决策。控制好自己的情绪是直面风险的第一步，只有如此，才能克服无谓的浮躁情绪，稳扎稳打，让企业的实力得到稳步的提升。

"投机心态"会毁了企业的前途

企业的发展应当以稳字为前提，一步一个脚印地往前走。不能看到诱惑就不顾风险，撒开腿就往前跑，最终蒙受损失。真正成功的企业，无一不是稳扎稳打，一点点积累起来的。很少有单靠投机就能成功，就能长久的企业。

企业的发展应当以稳字为前提，一步一个脚印地往前走。不能看到诱惑就不顾风险，撒开腿就往前跑，最终蒙受损失。真正成功的企业，无一不是稳扎稳打，一点点积累起来的。很少有单靠投机就能成功，就能长久的企业。

王牌三
战略规划——高瞻远瞩，制定高端前沿策略

打个比方，在这个世界上，热衷于炒股的有两种人：一种是投资家，一种是投机家。投资家与投机家的区别在于：投资家看好有潜质的股票，作为长线投资，既可趁高抛出，又可坐享常年红利，股息虽不会高，但持久稳定。投机家热衷短线投资，借暴涨暴跌之势，炒股牟暴利，自然会有人一夜暴富，也更有人一朝破产。

股坛上赫赫有名的投机家们都曾经盛极一时，但正因为他们经营的本质是投机，因此最终还是在股市上翻了船，数载心血几乎化为乌有。

李嘉诚是个典型的投资家，而非投机家。到20世纪80年代末，吞并了和记黄埔的李嘉诚身价一夜之间翻了好几番，长江实业的规模也变得十分庞大，以至于他的精力智力都不够同时应付管理多个大型公司。

因此，精明的李嘉诚果断改变了经营策略，他不再行险搞企业并购，而是转而通过债券股票来进行投资，利用富有进取心的商家为他赚钱生利。这样一来，虽然李嘉诚资产的迅速膨胀靠的是行险，但在形成规模之后，他却真的安下心来了。

关于自己的经营理念，李嘉诚做过一个形象的比喻："我的游泳技术很普通，划船技术亦很普通。当我要过一条河的时候，如果我决定划船过去，那么我就必须得肯定我的能力不是仅可以划到对岸，而是要在划回来时还要大有余力才行。正如我要游泳到浮台，我不会想着游到浮台上休息，而是预计我到浮台立即再游

回来也有余力。"李嘉诚的性格就是这样,他从不打无把握之仗。然而一旦看准的事情,他便会全力以赴,毫不迟疑。

李嘉诚深知,股市中既有人算(个人的决定),也有天算(股市规律),但即使人的预测再精准,计划再周密,也还是赶不上外部条件的变化。这就是人算不如天算,再精明的商人,也不可能保证自己一辈子不会失算。故而李嘉诚大进大出,都是一待良机,急速抛出,绝不为了多赚些钱而冒险等待所谓最好的机会。这样虽然他的决定屡屡让旁观者遗憾,但他很少失手,倒是那些遗憾者中遭灭顶之灾的大有人在。从这里看到,李嘉诚在股市中稳扎稳打、善抓机会的优势是他立于不败之地的根本原因。

众所周知,李嘉诚是靠生产塑胶花而发家的,在有了一定的资产之后才转行经营房地产。但即便是生意越做越大,李嘉诚也还是没有关闭塑胶花厂。其后,香港形势一直不太明朗,李嘉诚就坚持"所有的鸡蛋不放在同一个篮子里"的哲学,开拓了向英国、澳大利亚、加拿大的投资市场,并且除股票外,兼而投资债券等。

债券这种东西可以称得上是最保守的投资策略了,收益甚至比储蓄也高不了多少。而且,持有人只能享有略高于定期银行存款的利息,而无权分享公司的红利。但李嘉诚购买债券却有一个特色,就是他买的债券可以交换对方公司的股票。当时,债券有1至3年的期限,若认定该公司业务有可靠的增长,便以债券交换股票。假若交换不成,就将债券保留至期满,连本息套回,稳赚不赔。

1990年,李嘉诚购买了约5亿港元的合和债券。另又购买了爱美高、熊谷组、加怡等13家公司的可兑换债券共计25亿港元。

结果是胡应湘的合和债券表现十分出色。李嘉诚马上把合和债券兑换成股票。当初价值5亿港元的股票，到3年后升值到近9亿港元，账面溢利达3亿港元。而爱美高、熊谷组、加怡等13家公司则表现不佳，李嘉诚没有轻举妄动，而是将债券保留到了最后。

李嘉诚的成功靠的就是稳健。当初，他有机会通过股票市场把自己的规模扩大，但是这样做同样风险巨大，甚至可能血本无归。于是李嘉诚选择了稳妥的路线，他的企业得到了长足而稳定的发展，后来当香港企业前景不明时，李嘉诚又开始了多元化，不把鸡蛋放在同一个篮子里，而是分散经营。这样即便赔了一个，也能够用剩下的赢利来维持发展的平衡。

投机是一种赌博，在这个世界上，没有任何一个人能够在赌博当中只赢不输。俗话说，一为之甚，岂可在乎，企业也许可以靠一两次投机式的生意发展壮大，但是如果把投机当作是企业发展的战略规划，那么总会有在赌博中输光本钱的那一天。

"自以为是"让企业万劫不复

企业经营不是种庄稼，"种瓜得瓜，种豆得豆"；也不是做数学题，一加一得二，二加二得四。这是一个充满变数的领域，是一个遍布不确定因素的过程，目标常常表现出很大的弹性，结果也往往具有很大的未知性。在这种未知当中，企业经营者如果盲目自信，就会忽略市场上所存在的风险，一味贪功冒进，最后所造成的危害无疑也是巨大的。

对于企业经营来说，自信肯定是企业经营者所必备的一种优秀品质，没了信心，任何经营管理策略都是空谈。但是自信也同样不能过分，过分的自信就成了自负，成了自以为是。企业经营不是种庄稼，"种瓜得瓜，种豆得豆"；也不是做数学题，一加一得二，二加二得四。这是一个充满变数的领域，是一个遍布不确定因素的过程，目标常常表现出很大的弹性，结果也往往具有很大的未知性。在这种未知当中，企业经营者如果盲目自信，就会忽略市场上所存在的风险，一味贪功冒进，最后所造成的危害无疑也是巨大的。

杜邦公司从20世纪30年代末期就开始着手研发多孔聚合薄膜技术，但是直到50年代，当鞋面市场上合成纤维和装饰材料开始受到人们的广泛欢迎时，该项研究工作仍然没有取得任何实质性的进展。但颇具战略眼光的公司总裁查尔斯坚持认为新材料的诞生是大势所趋，杜邦公司一定要不遗余力，力争走在其他公司的前面。最后，杜邦公司终于开发出了可发姆——一种以合成纤维材料做底衬，上面覆盖着多孔薄膜的双压合成革。

要将可发姆应用在成品上就必须解决龟裂、软化和硬化等一系列问题。杜邦公司严格监督指定的高级制鞋商按要求做了少量的样品，在本公司内部进行试用。在得到绝大部分人的认可后，杜邦公司又将15000双鞋免费发放给消费者试用，结果仍旧令人振奋。

由此，杜邦公司总裁查尔斯越发觉得自己高瞻远瞩，认定可发姆这一新型材料将在不久的将来以席卷之势横扫整个制鞋业。这样一来，接下来要做的便是在市场上大张旗鼓地宣传了。由于杜邦公司使用可发姆制作的鞋款式非常新颖，广告宣传力度又强大无比，再加上杜邦公司原有的成熟销售网络，使可发姆鞋的前景看上去很美好。巧合的是，1965年美国皮革出口量剧增，导致国内市场皮革奇缺，价格飞涨。因此，一些传统的制鞋商也开始尝试用可发姆作为制鞋原料，这种结果进一步加深了查尔斯的信心，他决定将可发姆作为杜邦公司今后的经营重点，不惜血本地确立可发姆的市场地位，只要可发姆能够一统鞋类面料市场，杜邦公司的前景就是一片光明。

可世事难料，乙烯基纤维革，这种崭新的制鞋面料的出现彻底打乱了查尔斯的计划。这种面料外观极像皮革，价格比可发姆低了将近一半，而且花色和图案也相当繁多，消费者挑选余地大。相对于可发姆，这种面料显然更受欢迎一些。

但是查尔斯已经被可发姆之前的成功冲昏了头脑，在人人都看出可发姆已经完败于乙烯基纤维革的情况下仍然做出决定，于1970年10月又推出了第二代合成革。原指望借此恢复过去的市场份额，没想到结果却出人意料。日本人将一种更加质优价廉的合成革投放到市场，给了杜邦公司最沉重的打击。这种崭新的乙烯基纤维面料更加廉价，成本只有第二代可发姆的 1/3 到 1/5。因此查尔斯最初所希望出现的市场巨大需求永远也不会再来了。

仅在 1964~1971 年这七年里，杜邦公司在可发姆上亏损了近一亿美元，这还不包括之前花在新材料研发上的费用。1971 年 4 月 14 日，查尔斯果断地向股东们宣布，杜邦公司从此放弃可发姆的生产。

诚然，世事难料，谁也想不到原本市场前景一片光明的可发姆会忽然被其他新型材料所替代，这原本并不是查尔斯的错。但是，在可发姆的市场前景已经十分渺茫，失败已成定局的情况下仍然坚持不放手，花大力气推出可发姆的改良版，这就只能归罪于查尔斯的决策失误了。而促使查尔斯做出错误决策，蒙住双眼的，恰恰是因之前成功所过分膨胀的自信心。

清醒认识现实资源条件的有限性，是理智现实的态度；充分认清自身的潜力所在，追求有限资源的效益最大化，则是科学积极的态度。有限的人力资源使用得当，可以发挥"无限"的主观能动性；有限的物质资源运营得当，可以产生"无限"的效益；有限的人、财、物、信息资源组合得当，可以创造冲破"极限"的奇迹。

王牌四
管理体系
——优化体制，完善企业制度规范

企业是一个商业实体，更是一个由各种各样不同的人所组成的团队。而作为企业管理者的你，就是这个团队的带头人。管理是一门艺术，更是一项极其复杂的而且极其费心劳神的工作。而身为管理者的你，也就自然需要抓住管理体系这张王牌。否则，你既管不住手下的团队，也开不走企业这艘航船。

让员工按规章制度行事

要想让企业的人力调配达到一个很理想的状态，只凭你知人善任是远远不够的，还需要通过建立一系列的规章制度，让企业中的一切都有章可循。并且还要保证在这种制度之下，那些能力强的员工能够充分发挥自己的才干，那些能力平平的员工即便有些失误，也不会对企业的利益造成太大的影响。

在企业管理方面，任何人的精力都是有限的，你可以决定总经理的人选，可以决定总工程师的人选，难道还能连每一个基层科室的负责人甚至每一位工人都亲自筛选，亲自任命吗？这显然是不可能的。要想让企业的人力调配达到一个很理想的状态，只凭你知人善任是远远不够的，还需要通过建立一系列的规章制度，让企业中的一切都有章可循。并且还要保证在这种制度之下，那些能力强的员工能够充分发挥自己的才干，那些能力平平的员工即便有些失误，也不会对企业的利益造成太大的影响。

柯达公司至今已经有100多年历史了，现在是世界上最大的影像产品及相关服务的生产和供应商，世界500强企业，其业务遍布150多个国家和地区，全球员工总数加起来有8万人之多。

王牌四
管理体系——优化体制，完善企业制度规范

时光回溯到100多年前的1889年，在那一年，柯达的创始人乔治·伊斯曼先生收到一份建议书。这份建议书是柯达公司一个普通工人所写，内容平平无奇，只是向伊斯曼建议，希望他能让生产部门将玻璃窗擦干净。对于一家企业来说，建议书上所写的可以说是一件小得不能再小的事情，但是敏锐的伊斯曼先生却从中看出了其中的意义所在。在乔治·伊斯曼看来，普通工人向他递建议书的行为正是员工积极性的表现，因此他决定公开表彰这名工人，发给奖金，并从此建立起一个"柯达建议制度"。

"柯达建议制度"被确立后，伊斯曼在柯达公司的走廊里专门开辟了一个角落用来放空白的建议表，每个员工随手都能取到。写好后的建议表只要随手放入公司的任何一个信箱，都会被送到专职的"建议秘书"手中。专职秘书负责及时将建议送到有关部门审议，做出评鉴。建议者随时可以直接打电话询问建议的下落。如果建议被采纳，公司设有专门委员会，负责审核、批准、发奖。如果公司决定不采纳这一建议，也要用口头或书面的方式给出充分的理由。如果建议人仍认为他的建议有采用的价值，可向建议办公室提供更多的依据。如果建议人坚决要求试验，可由厂方协助进行试验，以鉴明该建议有无价值。在这种情况下，有些未被采纳的建议最后可能会被采纳。如果职工不愿透露姓名，也可以采取匿名方式提出建议，然后用建议表上的号码与厂方进行联系，查询该号码的建议是否已被采纳。建议办公室把所采纳的建议都一一列成表格，定期在公司出版的报纸上公布，或张贴在公司的布告栏上。

与此同时，在柯达公司每一位新职工都会领到一本关于职工建议制度及其奖励办法的小册子，这本小册子能很快使职工熟悉建议制度的内容。每周的职工周报设有专栏对建议被采纳的情况进行报道。至今为止，柯达公司在其100多年历史中已经采纳员工建议近100万个，这些建议有大有小，但都从客观上对柯达公司的发展起到了推动作用。

乔治·伊斯曼所创立的"柯达建议制度"确实是一个天才的管理方式。对公司来说，这种建议制度在降低产品成本核算、提高产品质量、改进制造方法和保障生产安全等方面起了很大的作用。在这一制度下，公司的每一个员工都是公司的智囊，一人计短，二人计长，集思广益之下，公司可以很容易地找到一个最适合的发展方向。而且，如果公司里存在任何弊病，也可以及时地被反映上来，更加有利于高层对于整个公司状况的总体性把握，以便于做出趋利避害的决策。

与此同时，即使员工所提出的建议未被采纳，也会达到两个目的：一是管理人员了解到这个职工在想什么；二是建议人在得知他的建议得到重视时，无论最终是否被采纳，都会得到一种被人重视的满足感。毫无疑问，柯达公司用制度手段引爆了员工的潜能，"柯达建议制度"使柯达公司受益无穷。

因此，要想让企业能够健康高效地进行运作，要想让企业的人力资源得到充分的利用，一套完善的管理制度是必不可少的。制度设计合理、运作有效，企业才能高效运作，员工的士气才能高昂起来。管理者不能以权威者的身份搞"一言堂",这样才能让企业蒸蒸日上,创造最高的效益。

执行力是企业的硬实力

对于任何一个组织而言,要想完成计划和任务、达到目标,每一个团队成员必须全身心地投入到组织的日常运营当中。执行是上至最高领导者,下至门卫、清洁工都应该认真对待的工作。如果没有执行,再宏伟的战略,再完美的计划也不过是一纸空文,纸上谈兵罢了。

在今天的商业社会里,市场就是没有硝烟的战场,企业的生存和发展必须要靠对战略实实在在的执行来实现。企业没有执行力或执行不到位,只会意味着危机、失败,甚至破产。同样,在充满竞争的职场上,任何组织及其成员要想在竞争中脱颖而出、立于不败之地,都要靠不折不扣的执行力。

执行力就是竞争力,执行力就是战斗力。当年红军用两条腿跑赢了机械化的国民党军队,靠的是什么?执行力!对上级交给的任务坚决执行。现代企业组织并不缺乏明确理智的战略,也不乏才华横溢的领导者和员工,很多企业之所以在市场中被淘汰,缺乏的只是把战略落实到行动的执行力。企业要做大做强必须要有一个有执行力有战斗力的团队。

李健熙是韩国三星的董事长，三星集团是他父亲创立的，他父亲将这个儿子送到日本早稻田大学读书，让他到日本好好学习日本人怎么做事，回来研究韩国人应该怎样做。

李健熙从日本早稻田大学毕业之后，到韩国三星担任干部，他父亲过世之后又接任董事长一职。1987年李健熙担任三星集团董事长届满五年，诊断出企业存在很多病灶：三星电子已经到了癌症晚期；三星重工明显营养失调；三星建设就像得了糖尿病；三星化工属于先天性残废，一开始就不应该存在。从此，他开始大刀阔斧地改革。

又过了五年，李健熙在三星集团东京会议上发言，认为三星明显只有二流水准，他说："我们的产品为什么需要售后服务呢？为什么不将产品制造到不会发生问题呢？"他认为员工制造出不良的产品，应该觉得丢脸或者生气，证明自己的执行力不行。

他给员工讲了这么一个故事："我住在中国台湾高雄，每个星期天要坐火车去屏东科技大学上课，每次火车要经过一座大桥。我喜欢看桥头堡的铜像，那个铜像立在那里风吹雨打，已经差不多七八十年了，甚至都没有人知道那个铜像的意义了。可是我知道，日本人在中国台湾建火车，从两头往中间修，就在那里接轨，结果差了十公分，总工程师当天晚上就自杀了。那是日本人为了纪念他而造的铜像。日本人对自己执行力的要求之严可见一斑。"

王牌四
管理体系——优化体制，完善企业制度规范

李健熙还给三星的员工提出一个问题：该如何以最便宜最快速的方式制造出最好的产品，才是关键所在。李健熙提倡员工："从我开始改变，除了妻儿一切换新。"要求从领导到普通员工都"从我做起"，提高自己的执行力水平。

从那天开始，三星公司的员工开始严格要求自己，他们做的每一件产品都非常好。凭着这种精细到位的执行力，三星逐渐成长为一家在全球范围内竞争力都很强的公司。到2010年，三星成为全球三强：美国 GE、日本 SONY、韩国 SAMSUNG。

为什么三星从一个二流企业变得如此强大？他们的业务不是独一无二的，他们的技术不是别人掌握不了的，他们的机器设备也不是全球垄断的，但是为什么他们能做出的业绩别人做不出来？就是因为他们有执行力，公司的战略能够不折不扣地落实到终端产品上。

管理学大师彼得·德鲁克说："100多年以前，当大型企业首次出现时，他们唯一能够模仿的组织就是军队。"人类组织发展的历史证明：世界上最有效率的组织是军队。如果一个企业的执行力像军队一样，那么何愁不能发展壮大呢？

对于任何一个组织而言，要想完成计划和任务、达到目标，每一个团队成员必须全身心地投入到组织的日常运营当中。执行是上至最高领导者，下至门卫、清洁工都应该认真对待的工作。如果没有执行，再宏伟的战略，再完美的计划也不过是一纸空文，纸上谈兵罢了。

麦当劳所有的店铺都执行一样的标准，他们的员工在工作时还"念念有词"地复述着操作规程。比如说，他们的牛肉饼烤出来20分钟没有卖掉，就要丢掉。国内这么多餐厅，有几家可以做到？麦当劳的薯条吃起来很有嚼劲，就是因为如果当地马铃薯不能达到要求，就要从美国运来；麦当劳使用的油一旦冷却就不再使用了，麦当劳的油是天天换的，倒掉时还是金黄色的。

中国是一个传统的美食国家，但是最大的市场为什么被很多"洋快餐"给占据了呢？那是因为国内很多企业都没有执行力，没有严格的标准，这盘菜用隔夜的原料做也无所谓，多放点盐也无所谓，等等。既然你不把消费者当回事，消费者也就不会把你当回事。

执行力就是企业的硬实力。一家缺乏执行力的企业，是注定要失败的，因为只有执行到位才能使计划真正达到预期效果。在管理上，当我们锻炼员工的执行力时，也就意味着企业利润和营业额的提升，也就意味着企业的硬实力得到了提升。

王牌四
管理体系——优化体制，完善企业制度规范

对所有的员工一视同仁

一碗水端平，是管理者处理与员工关系的重要原则，也是赢得员工信任的有效途径。当员工发现自己的领导平等地对待每一个人的时候，他的心情就会非常舒畅，会斗志昂扬地投入到工作中来。

有这样一幅漫画：一位领导模样的人站在一个并不平稳的木板上，手里端着一碗水，碗的前面写着"管理"二字。

漫画虽然简单，但却向我们展示了一种管理的智慧，即一碗水要端平，企业的管理者不应该偏袒自己的任何一个员工，所有的人都应该得到平等的对待。当下，人们对于公平公正的要求越来越高，享受公正的待遇已经成为员工奋力追求并尽心维护的权利。这就要求管理者们在管理企业的时候要怀有一颗平等之心，将一碗水端平。这样，员工才会尊重和信任你，才会更积极地投入到工作中，为企业的持续发展尽心尽力。

如果你做不到这一点，将重心倒向某一端，那么碗中的水就会不断地流失，最后空空如也。这碗中的水就好比团队中的成员，你如果不能一视同仁，不公正、不平等，就不能服众，员工们的工作积极性和主动性也会逐渐减弱，导致整个企业人心涣散，工作进展不利，甚至会打击员工们的工作积极性，继而产生内耗，造成员工之间的不团结，最终影响企业的发展，你也就成了一个失败的管理者。

小贾在一家汽车4S店做销售员，由于工作能力很强，使他每个月的业绩都比别人高出很多，销售经理非常欣赏他，对他另眼相待。但凡有什么好事，经理都会算他一份，他偶尔犯点错误，经理也睁一只眼闭一只眼。

经理的本意是鼓励大家向他学习，以提升部门的整体业绩。但事与愿违，其他业务员觉得经理偏心眼，眼中只有小贾一个人，他们越来越消极，一点工作激情都没有。而能干的小贾也恃宠放旷，仗着经理的偏爱，经常迟到早退，还时常炫耀经理与他的特殊关系。时间一长，销售部的业绩一落千丈。

显然，小贾的经理犯了一碗水端不平的大忌。这样做看似"合情"，但由于不"合理"而难免触犯众怒。要知道，团队不是凭一两个人就能建设好的，如果没有其他人的共同努力，最终必然会导致人心涣散，分崩离析。

在现实生活中，像小贾的经理这样做不到一视同仁的管理者并不鲜见。在他们心里，下属是有高低优劣之分的，于是他们把下属划分为"上下级"：那些他们心中的所谓"上级"员工，他们对其非常信任，视其为心腹，而对"下级"员工则冷眼相待，处处防范；经常给上级员工特殊照顾，有求必应，而对下级员工

王牌四
管理体系——优化体制，完善企业制度规范

则不冷不热、不闻不问，甚至故意找茬。

另外，还有一种端不平一碗水的老板，他们管理不公平的表现就是男女有别，即对男女下属的管理不一致。他们觉得女性的事业心不强，只希望工作舒适稳定。于是，他们很少关心女员工的职业发展需求，也极少给她们锻炼机会，升职加薪更是无从谈起。而对男员工则截然不同，他们会将有挑战性、锻炼性的机会留给男员工，以便让其快速成长，成为企业的中流砥柱。人与人之间就是这样，你投之以桃，别人就会报之以李，如果你不重视你的某些员工，那么这些员工也不可能会把你和你的企业放在心上。

一位美国NBA篮球教练在训练自己的队员的时候，总是会对他们喋喋不休地重复这样一句话："我不能要求大家千人一面，但我们要遵循同样的准则。"一碗水端平，是管理者处理与员工关系的重要原则，也是赢得员工信任的有效途径。当员工发现自己的领导平等地对待每一个人的时候，他的心情就会非常舒畅，会斗志昂扬地投入到工作中来。

在这一点上，以生产手机享誉全球的摩托罗拉公司就做得不错，其管理者非常了解平等对于员工的意义，他们的最大管理特点就是创造一种公正的竞争氛围，让员工放手去干。如果员工之间出现矛盾，他们也会本着公平的原则处理问题，圆满地化解争端。

在创业初期，摩托罗拉公司实际上是网罗了一些爱好无线电

的人聚集在一起研究电子产品，所以公司并不太正规，员工们连正式的岗位都没有。这时，一个叫利尔的工程师加入了公司，他在大学学过无线电工程，是一个难得的人才，这让那些老员工感到了一种威胁，他们时不时地找利尔的麻烦，故意出各种难题习难他。更过分的是，当摩托罗拉的创始人保罗·高尔文外出谈生意时，一个员工找了个蹩脚的借口，将利尔辞退了。

当高尔文回来得知此事之后，便将那个工头狠狠地批评了一顿，然后又马上找到利尔，重新高薪聘请他。高尔文对大家说："无论是利尔这样的高端专业人才，还是你们这样的业余爱好者，我都会一视同仁，不会因为学历或其他原因而偏向任何一个人。"老员工听后，都为自己先前的行为感到羞愧。从那以后，他们和利尔通力合作，为公司做出了巨大的贡献。

公司逐渐发展起来以后，一些个性鲜明的人纷纷进入摩托罗拉工作。不同性格的人在一起，争执是不可避免的，他们不时地因为工作上的分歧发生争吵，各不相让。后来高尔文以他公平的处理问题方法，化解了他们的矛盾，使他们在面对各种工作时，能够和平地解决问题，然后团结一致地完成工作。

很显然，高尔文是一个成功的管理者，他的管理经验值得每一位企业管理者去学习去借鉴。高尔文之所以高薪将被辞退的利尔请回来，并不完全是因为利尔相对于自己手下的那些无线电爱好者们来说是个专业人士，人才难得，更重要的是他要借此机会向员工们传达自己对所有员工一视同仁的管理理念。

王牌四
管理体系——优化体制，完善企业制度规范

很多时候，我们做管理要考虑的远远不仅是某件事的是非和得失，更要考虑到这件事将会对未来造成什么样的影响。因此，精明的管理者对所有的员工一视同仁更多是一种管理者的姿态，一种用各种各样的小事编织起来的管理的导向。要知道，管理管的是人，更是人心，收取了人心也就管住了人，这才是我们应该从那些成功的企业家身上学习到的管理的真谛。

别让内耗毁了企业

内耗，是任何管理者都会面对的问题，在中国的社会环境当中，这一问题显得更为突出。处理好员工之间的关系，保持彼此之间的平衡，企业才能维持正常的经营秩序，如果一旦在处理内耗问题上失效，企业的管理体系必然会被破坏，影响企业正常运营，甚至会使企业组织完全瘫痪。

企业是一个牵扯到各种利益的场所，我们常说，有人的地方，就有江湖；有企业的地方，必然也就会有利益的冲突。作为一个企业的管理者，他的职责之一就是维持利益的均衡，尽量避免企业中出现尔虞我诈、钩心斗角、拉帮结派等现象，只有维持管理体系的稳定，才能保证企业拥有良好的生产和经营条件。

一个管理者，如果在管理体系的塑造中，不能有效地控制"内耗"，最终势必会破坏企业的文化环境，影响到企业的可持续发展。内耗会分散员工的注意力，让员工把主要精力放在钩心斗角上，而不是生产活动中，内耗还会让企业正常的生产经营不能进行，因为员工的目标已经转变成为人际斗争的胜利，而不是生产的高效率或是销售的好绩效。最终会从根本上损害到企业的利益。

张宝光在一家制药公司就职，他是一个对名利比较看重的人，在他当上公司的医学总监后，公司内部上演了一场争斗的大戏。

公司有一个重点项目，张宝光对这个项目很感兴趣，可惜这个项目是由李文杰负责的，如今项目已进展到一半。张宝光知道只要完成项目，李文杰就很可能获得晋升，他就会成为自己最强有力的竞争对手。这可不是他想看到的结果。

他经常去找李文杰，要他把这个项目停下，而他的真实意图是想把李文杰从这个项目上调走，然后自己找机会接手这个项目。可是李文杰不干，他依然按照计划邀请了所有参加项目的工作人员来开研讨会，并把十几家医院的医生请到公司来参加这次会议。

在会上，由于张宝光是领导，所以李文杰请他来作开场发言。没想到张宝光一上来就没有鼓励大家，反而说这个项目方案有很多地方他是不同意的，这让李文杰脸色很难看。

当然，这只是一个开头，后面由李文杰手下岳林来讲解项目内容。在这个过程中，有几个医院的医生提出一个比较刁钻的问

王牌四
管理体系——优化体制，完善企业制度规范

题，岳林的回答有些含糊。这时，坐在一旁的张宝光不耐烦了，两次跳出来粗暴地打断岳林的发言，让岳林很难堪。

会议结束后的下午，张宝光找到李文杰，让他召集所有员工到会议室开会。会上，张宝光大发雷霆，说他从来没开过如此混乱的会议，毫无组织，回答问题磕磕巴巴，根本没有自信；会场布置凌乱不堪；等等。李文杰知道，其实这都是冲自己来的。

在场的所有人都傻了，没想到张宝光会如此大发雷霆。他大喊大叫足足十分钟。李文杰最终开口了："张宝光，这种会议我不是第一次，也不是第二次开了，会上有些小观点，有些争论，也是经常的。你把会议说得一无是处，我是不同意的。"

"争论可以，但是我们要有公司的形象，知道吗？"张宝光还在喊。

看到张宝光这样，李文杰也火了，他也大声地说，"你觉得损害了我们公司的形象是吗？让所有的与会者给一个评价。这样，你我也可以对大家有个交代，好吗？"

看到对方发火了，张宝光也没说什么，直接就走开了，这让李文杰感到了巨大的侮辱。

此后，张宝光利用自己和老板的良好关系，处处刁难李文杰。在与张宝光的争斗过程中，李文杰最终感到疲惫不堪，半年后，离开了公司，并且还带走了一大批技术人员。

这是典型的内部钩心斗角的案例。这种情况，在中国一些大型企业中普遍存在。他们没有把公司的经营与利益放在第一位，

125

而是将个人的利益作为个人考虑的最主要因素。而整个企业也因为这一阻碍不能获得长足的发展。团队不能团结一心，也就不能发挥出最大的作用，企业不能根据环境作出及时调整，使得自身竞争力不断下降，甚至最终面临被市场淘汰的危险。在企业管理体系的构建中，"内耗"现象，就成为任何一个管理者都必须认真考虑的一个问题。

企业又该如何遏制"内耗"的不良文化现象，又该如何建立起自身优良的管理体系，以下列出其中的一些方法，以供企业主进行参考。

第一，要有正确的人才观

企业的用人标准，应该明确，特别是"德"与"才"这二者的辩证关系问题处理上，树立明确的规范，所有的管理者就会以这个标准去衡量自己的行为。像上面案例中张宝光就是在"德"方面有所欠缺，最终导致内耗情形的发生，破坏了团队的团结，影响了企业正常的经营秩序，最终导致人员流失，项目终止。

第二，企业的管理制度一定要合理

一家企业没有合理的制度，虽然在一段时间里不会出现大问题，但由于没有制度约束，员工对权力和金钱的贪欲就不会得到有效控制。在这样的企业中，也就为各种内部斗争提供了最好的氛围。要想避免这些情况的发生，就必须建立起明确、合理、清晰的企业管理制度，明确各自的管理职责和利益分配，这样才能起到有效缓解企业内耗的目的。

第三，把管理的链条缩短

很多企业的中低层员工根本不把自己的想法告诉高层领导，高层领导也不主动去了解下级员工的工作状态和内心想法，最终因为缺乏有效沟通，使得彼此有了更多的内心埋怨。我们经常看到，管理链条每增加一层，人际关系复杂程度就会增加一倍，员工的工作效率也会降低许多。因此，缩短管理链条，压缩组织层级，加强沟通，是抑制企业内部政治斗争，打造良好管理体系的有效手段。

第四，在包容和开放的心态下寻求解决矛盾的方法

对于内耗问题的最根本解决，最终还要依靠当事人有一个开阔的心胸和包容的态度。这就有赖于企业文化在这一方面的积极营造。在对利益进行合理、公正分配的条件下，仍然可以找到使两者握手言和、再次为企业共同利益奋斗的解决之道。此外，在另一些情况下，甚至可以利用这种"矛盾"，将其转化为互相竞争的动力，最终获得双赢或多赢的结果。

一个英明的企业领导，应该主动建设健康、阳光的企业文化，抑制内耗，以使企业的管理体系朝着良性的方向发展。

集中精力处理主要问题

我们的每一天就像是一个玻璃杯，在我们要做的事情中，最重要的那些事就是"鹅卵石"，而相对不重要的就是那些"沙子"。如果我们总是被琐碎的事情所牵绊，就相当于我们先把沙子放到杯子里，结果重要的鹅卵石就再也放不进去了。这就是为什么我们同样努力付出，但是最终收获的只是一些沙子，而没有鹅卵石。只做目前最重要的事，其效率当然会比一大堆事情摆在手边不知道该做哪件要高得多。

我们常常会用一个词来形容那些工作繁忙的人，这个词叫作"日理万机"。事实上，用日理万机来形容我们这些企业经营者实在是再恰当不过了。别说是那些大企业的老总，就算是个体户，每天也要考虑进货、销售、成本、利润等许许多多的问题。但是，人的精力毕竟是有限的，每个人每天也就只有区区24个小时，精力再充沛、再热爱工作的人每天也需要花上几个小时来睡觉，我们可能把所有的事情都大包大揽起来，靠自己一个人全部决断吗？显然不能。

既然不能自己一个人全部搞定，工作又必须要有人来做，那

王牌四
管理体系——优化体制，完善企业制度规范

么就只有一个办法，就是优先选择那些最重要的工作，把那些相对次要的工作分派下去，发挥团队的力量。这就是管理的魅力。如何能够让团队高效运转，难道不是企业管理的重要课题吗？

提到美国著名的伯利恒钢铁公司，就不得不说起理查斯·舒瓦普。当理查斯·舒瓦普接任该企业CEO后，不由为公司的低效率感到担忧。不过，他自己的状态也好不到哪里去，因为各种事情就像雪片一样堆到他的案头上，这让他越来越感到力不从心。

为了改变这一局面，理查斯·舒瓦普不惜重金聘请效率专家艾维·李寻求帮助，希望艾维·李可以教给他一套可以在单位时间内完成更多工作的方法。

对公司进行一番走访后，艾维·李很快制定出了解决方案。他对舒瓦普说："我10分钟就可以教你一套至少可以把工作效率提高50%的最佳方法，并且，我不会马上让你付钱，允许你试用，并且不加时间限制。如果你觉得很满意，那么你可以给我开张支票，并且价格由你说了算。你觉得多少合适，那么你就写多少。"

听到艾维·李的话，舒瓦普又惊又喜，急忙问："到底是什么方法呢？我急切地想知道。"

艾维·李没有着急，而是喝了杯咖啡，缓缓说道："你今晚需要做的事情是把明天必须要做的最重要的工作记下来，按重要程度编上号码。最重要的排在首位，以此类推。比方说，当你早上刚进办公室，那么你就看下今天的第一项事情是什么，然后就开始动手干。如果这项工作没做完，那么，你就没有碰其他工作的资格。当第一项工作完成后,你再用这种方法对待第二项工作、第三项工作……直到你下班为止。即使你花了一整天的时间才完成了第一项工作也没关系,只要你能保证它是最重要的工作就可以了。这个方法需要坚持不懈,你需要每天都这样做,把它变成你做事情的习惯。如果你觉得工作效率确实得到了提高,并且对这种方法的价值深信不疑之后,你还可以教你公司里的员工也都这么做。"

艾维·李的建议,令舒瓦普将信将疑,不过,他还是选择了听取意见。一周之后,舒瓦普发现自己在这一周的时间里整整做了原来两周才能做完的工作,他填了一张25000美元的支票寄给了艾维·李。

后来,舒瓦普将这个方法在各个部门推广,伯利恒钢铁公司的效率顿时提高了许多,效益越来越好。舒瓦普常对他的朋友们说:"艾维·李让我学会了如何才能提高工作效率,我和整个团队坚持选择最重要的事情先做,我认为付给艾维·李的这25000美元是我经营这家公司多年来最有价值的一笔投资!"

艾维·李教给舒瓦普的这个"绝招"你也可以试试看,而且,你还不用花25000美元进行"投资"。其实,提高自己效率的方法非常简单,而且非常容易理解。我们的每一天就像是一个玻璃杯,在我们要做的事情中,最重要的那些事就是"鹅卵石",而相对不重要的就是那些"沙子"。如果我们总是被琐碎的事情所牵绊,就相当于我们先把沙子放到杯子里,结果重要的鹅卵石就再也放不进去了。这就是为什么我们同样努力付出，但是最终收获的只是一些沙子，而没有鹅卵石。只做目前最重要的事，其效率当然会比一大堆事情摆在手边不知道该做哪件要高得多。

现在你知道为什么集中精力处理主要问题可以提高你的工作效率，为什么这也同样属于一种精细管理的方式了吧？因为如果在你的公司中，每个人都能够做到这一点，那么公司的运转效率绝对是其他公司所不能比的。而从公司管理上获得竞争优势，不也正是优化企业管理体系的目的所在吗？

成功的企业离不开细节管理

推行细节化管理是每一家企业都应该落实到位的。在企业中，每一项决策的制定，领导者都应该将所有环节考虑进去，全面地统筹规划，用扩散性的思维去分析和研究，从而做出一个切实可行、保障有力的决策。而将重视细节融入公司的企业文化，让每个员工都自觉遵守，则是企业实施细节管理的最高境界。

我们常说企业领导者必须具有全局意识，但其实细节往往可以控制整个局势的变化。古语有云，"千里之堤，溃于蚁穴"，如果领导者在作决策的时候，忽视了某些细小的环节，那很可能导致满盘皆输，前功尽弃，原先所有的努力都付之东流。其实，全局和细节看似是矛盾的两个方面，但它们既对立又统一。全局决定着细节的性质，但细节也影响着全局的发展。

20年前，有一个问题始终困扰着那些从事日用品生产的公司和企业，那就是人们在刷牙的时候经常会被牙刷的刷毛划破牙龈，导致牙龈出血。

为了攻克这一难题，日本狮王公司进行了不少次试验，例如牙刷改为柔软的狸毛、刷牙前先用热水把牙刷泡软，不过，这些都没有取得预期的效果。

后来，有人提议在牙刷的刷毛形状上做文章。于是，狮王公司的研究人员们发现：那些牙刷刷毛的顶端并不是尖的，而是四方形的，这正是牙刷划破人们牙龈的最大原因。

找到了出现问题的根源之后，一名叫加藤信三的研究人员提出："那我要是把刷毛的头磨成圆形，是不是就不会损伤牙龈了呢？"说干就干，加藤信三他们立即着手对牙刷的刷毛进行改进。

经过试验，加藤信三和朋友们发现那些被磨成圆头的刷毛一点也不像以前那样坚硬了，基本不会出现牙龈出血的现象，而且还能伸进齿缝更好地清洁牙齿。这次试验成功后，几个人一起来到公司，提出了改变牙刷刷毛形状的建议。

幸运的是，狮王公司非常重视这个建议。他们立即成立了论证小组，在论证过可行性后，果断地将顶端四方形的狮王牌牙刷刷毛改为圆形。这种新式牙刷不仅受到了消费者的喜爱，还引起了相关专家的赞同。再加上媒体的宣传，连续畅销十多年之久，销售量占全国同类产品的30%～40%。

牙刷还是原来的牙刷，只不过牙刷的刷毛头部变成了圆形，这样一点点细节上的改进就让原本籍籍无名的狮王公司一步登天。由此可见，细节对于一家企业的前途会造成多么大的影响。

因此，推行细节化管理是每一家企业都应该落实到位的。在企业中，每一项决策的制定，领导者都应该将所有环节考虑进去，全面地统筹规划，用扩散性的思维去分析和研究，从而做出一个切实可行、保障有力的决策。而将重视细节融入公司的企业文化，让每个员工都自觉遵守，则是企业实施细节管理的最高境界。

快餐行业的"巨无霸"麦当劳就是一家非常讲究在细节上做文章，实施细节化管理的公司。当麦当劳对员工进行培训时，在他们所用的教科书和录像带里，会不断重述公司的一些细节：要不断地有人在清洗厕所；要转动汉堡而不是翻动汉堡；如果巨无霸做好10分钟后无人购买，薯条做好7分钟后无人购买，就必须扔掉；收款员必须要与顾客保持眼神的交流，并且一定要微笑着说"欢迎光临"和"谢谢，再见"……其实这些都只是微不足道的小事，但是正是这些细节在潜移默化当中让顾客感觉到舒心，最后成为了反复上门的回头客，成了只吃麦当劳的"死忠"。

在快餐行业，唯一有能力与麦当劳展开正面竞争的就是肯德基。在每一家麦当劳餐厅的500米内，你必然能够找到一家肯德基餐厅。肯德基同样也是一家注重细节管理的公司。比如说，肯德基为驾驶汽车的消费者专门设立的"汽车穿梭餐厅"业务。既然是快餐，肯德基就要把"快"做到极致：当驾车顾客来到点餐窗口时，窗口的自动计时器就开始计时，到车离开时就立刻计时结账，而肯德基对员工们的要求是，不得让任何一位顾客在窗口前停留超过2分钟。

世界上流传着这样一句俗语，"钱在犹太人的口袋里，而智慧在中国人的脑袋里"。当今中国，绝不缺少雄韬伟略的战略家，唯独缺少精益求精的执行者；绝不缺少各类管理规则的制定者，唯独缺少对规章条款不折不扣的执行者。面对盛行的浮躁之风，面对竞争走向垄断、利润趋近于零、市场标准日渐提高、产品高度同质化、服务标准人性化的现实，重视细节，重视并推行细节化管理则是一条再好不过的出路。

狠抓质量管理，对消费者负责

任何一家企业，如果他们的产品比同类产品高出一分质量，他们就能多一分市场。消费者的眼睛是雪亮的，永远不能把他们当傻子。因此，严格把好产品的每一道质量关就是在为公司创造利润，没有质量的产品就没有市场，也没有效益，更是一种资源浪费。在质量管理中，任何的"差不多""还可以"之类的想法，都会使企业蒙受损失。

产品质量的好坏影响着公司的生存与发展。随着同类产品竞争的越来越激烈，质量已成为决定企业发展前景的核心问题。不过，虽然说质量伴随着企业经营活动的每一个环节，但遗憾的是真正将质量要求转变为实际行动的企业却寥寥无几。大多数企业仍然把产量、销量放在第一位，力求从价格、产量上加强企业的市场竞争力，殊不知一家缺乏质量过硬的拳头产品的企业是不可能在市场中长期占据优势的。

要知道，任何一家企业，如果他们的产品比同类产品高出一分质量，他们就能多一分市场。消费者的眼睛是雪亮的，永远不能把他们当傻子。因此，严格把好产品的每一道质量关就是在为公司创造利润，没有质量的产品就没有市场，也没有效益，更是一种资源浪费。在质量管理中，任何的"差不多"、"还可以"之类的想法，都会使企业蒙受损失。

说起"大奔"，那是中国人心中世界名车的代表。奔驰是德国厂商，全世界的人都知道，要说机器，那肯定是德国人制造的最好。因为日耳曼人生性严谨，所以他们做出来的机器才格外可靠。奔驰汽车在德国机器当中也同样是佼佼者。奔驰公司的管理人员大多数都是最正统的德国人，他们对产品每一个部件的制造都一丝不苟，有时可以说到了吹毛求疵的地步。

人们看一辆汽车，首先注意的肯定是这辆车的外观，其中比较具备专业知识的则会关注这辆车的性能，而汽车的座位却很少有人关注。但即使在这个极少惹人注意的部位，奔驰厂也极为认真。奔驰车的座位座套所用的纺织面料是羊毛，这些羊毛必须专门从新西兰进口，其粗细必须在23~25微米之间。细的用来织高档车的座位面料，柔软舒适；粗的用来织中低档车的座位面料，结实耐用。纺织时，根据各种面料的要求不同，还要掺入从中国进口的真丝和印度进口的羊绒。这一切，在严谨的德国人眼里都是不能掺半点假的，因为这是大事。

　　座套下面就是奔驰车的真皮座椅了。据说，为了选好皮子来做椅子面，奔驰公司曾经派人到世界各地进行考察，最后还是在德国本地选了一家质量最好的供应商并额外要求他们的供货商在饲养过程中防止牛出现外伤和寄生虫，保持良好的卫生状况，以保证牛皮不受伤害。如果你认为这样应该已经可以了，那你可就太小瞧德国人的严谨态度了，因为选好牛皮的原料才只是一个开始。一张6平方米的牛皮，奔驰厂拿来做椅子面的还不到一半，因为肚皮太薄、颈皮太皱，而脚皮又太窄，这些"边角余料"都是不符合规格的。此后的制作、染色都有专门的技术人员负责，直到座椅制成。最后还要由一名工人用红外线照射器把皮椅上的皱纹熨平，这样才能体现奔驰的品质。

　　奔驰车向来以品质卓越著称不假，但就连相对来说并不重要的座椅都下了这么大的功夫，我们不得不对那些严谨的德国人表示钦佩了。不过我们必须得承认，就连座椅所用的布料和皮子都

王牌四
管理体系——优化体制，完善企业制度规范

要做到尽善尽美，奔驰车的其他关键部位难道还会差吗？奔驰公司能够得享大名，绝对不是偶然。

我们始终在强调德国人天生严谨的性格，但奔驰公司能够有今天的成就只是因为德国人天生的性格吗？要知道，并非所有的德国公司都有奔驰这样的成就呢。事实上，让奔驰公司受益最深的还是他们先进的管理理念。他们强调的是为了品质不惜精力，不惜成本，对待公司的管理一丝不苟。这既是他们的理念，更是他们在经营上的战略方向。这些先进的思想再融合上德国人天生的严谨性格，才成就了今天的奔驰公司。企业从上到下每一个人在每一个微小细节处的工作态度都极为严肃认真，这是奔驰车获得成功的真正"秘诀"，也是奔驰公司质量管理的强大之处。

深圳的意大隆公司一直遵循"质量求生存"的发展原则，而且在质量管理上追求细节化管理，并把这种细节管理有效地融入产品生产的每一道生产工序中。该公司对每道工序规定了明确的程序和方法，使每项工作有法可依，有章可循，做到过程管理标准化、规范化、细致化，力求每一件产品质量都能得到保障。

为了确保质量管理的执行力，意大隆公司更是制定了严明的奖惩制度。例如每月进行的绩效考核，每月月底前进行考评，从而达到激励、约束与调动职工工作积极性的作用。质检工作是保证产品质量的最后一个关口，意大隆公司的质检人员并不是仅仅是在产品完成后再做彻底的检测工作，而是分散到各条生产线上实施抽检，及时解决产品中出现的质量问题，将问题解决在生产

线上。

要想在激烈的市场竞争中始终保持强势，公司要强化质量管理，关注产品质量方面的每一个细节，哪怕是遇到再多再难的问题，也要一一解决。像意大隆公司这种重视产品生产环节中的每一个细节的管理理念，既是对消费者负责，同时也是对企业自身的发展前景负责，因为一旦产品出现质量问题，不仅会给消费者带来不便，还会给企业带来经济上和信誉上的重大伤害。

现如今，追求产品质量已经是很多公司寻求发展的一种共识，只要企业能够一丝不苟地抓好质量管理，就可以获得强大的市场竞争力。

创新管理，一成不变就会惨遭淘汰

哪怕是细节上的一点点创新，都可以让你的产品拥有更多的卖点，自然也就可以讨得消费者的欢心。要知道，优秀的企业总是能抓住消费者的心，建立自己的特色去赢得顾客的信任和喜爱，如果你的产品缺乏特点，那么企业的成长和发展就会受到限制。

用钱赚钱是过去那个时代的精髓，用创意赚钱才是在现在这

王牌四
管理体系——优化体制，完善企业制度规范

个时代的"流行趋势"，你有价值一百万的创意，你就有机会赚到一千万；你有价值一千万的创意，你就有机会赚到一个亿。对于一家企业来说，重视创新管理，一切都会变得不一样，如果一成不变，只会惨遭淘汰。

彼得森是一家戒指公司的创办人，为了打开竞争激烈的市场，他不得不开动脑筋，寻找新的盈利点。

彼得森明白，想要让自己的戒指充满创意，那么就必须着力打造自己的特色，否则便是哗众取宠。经过一些考察，彼得森在订婚戒指图案的表现方法这一细节上动了一番脑筋。

彼得森想到，象征着爱情的首饰多数以心形构图，这已经被广大消费者接受，所以，他对此传统依然沿用。然而在构图的表现方法上面，彼得森却独具匠心。他将宝石雕成两颗心互相拥抱状，以此表现出"心心相连"的浪漫。接着，为了表现爱情的纯洁，他又用白金穗铸成两朵花托住宝石。

这个细节上的设计，受到了消费者的好评。不过，彼得森仍然没有满足，他在两个白金穗中，又设计出了一个男婴和一个女婴。女婴手里，牵着挂在宝石上的银丝线，以此来祝福新郎新娘未来美满幸福的家庭。那条男女婴儿牵的银丝线更是独具特色，那银丝线上有很多手工镂刻出的皱纹，皱纹的数目能够随意增减。这个设计，彼得森是为了方便购买者，让他们可以利用皱纹来做记号，比如男女双方的生日、订婚日期、结婚年龄及其他私人秘密。

彼得森的细节设计，令这款戒指非常受欢迎，几乎每对新婚夫妇都会对它赞不绝口。就这样，彼得森公司的生意越来越兴隆，很快从市场上脱颖而出。

对于细节上的改进，彼得森永远不会感到疲倦。他不断思索如何能在戒指设计上找到新的能够吸引消费者的细节，并且不断探索戒指生产的新方法、新工艺，终于在1948年发明了镶嵌戒指的"内锁法"。

1948年的一天，一位富商慕名而来，他拿出一颗硕大漂亮的蓝宝石，要彼得森镶嵌出一个与众不同的戒指，并且最好能使蓝宝石得到很好的体现。商人想将这枚特殊的戒指送给自己的女友。看着这颗宝石，彼得森并没有在图案上做什么大的变动，而是在宝石的镶嵌方式这一细节上进行了创新。他按照商人要尽量体现出宝石的要求，用金属将宝石底部包托起来，宝石的90%便暴露在外，只是掩盖了底部的一点面积，完全满足了商人的需要。

正是这一次的细节改进，使得内锁法这种钻戒行业中的经典加工方式被彼得森创造了出来。这种内锁法一经上市，立刻得到了消费者的喜爱。这一项发明很快便获得了专利，珠宝商们竞相购买，在技术转让费上，彼得森又赚了一大笔。

后来，彼得森又发明了一种"联钻镶嵌法"，采用这种方法将两块宝石合二为一做成的首饰，能够使两块1克拉的钻石看来像一块2克拉的那样大，要知道，一块2克拉的钻石可要比两块1克拉的贵得多。这种新技术引发了新一轮的戒指消费热潮，而彼得森利用自己重视细节的理念和聪明的头脑，最终成为了一代

王牌四
管理体系——优化体制，完善企业制度规范

"钻石大王"。

彼得森的成功，实际上就是标新立异的成功。彼得森凝聚财富的办法就是创新，就是与众不同。而在今天，在这个特立独行的世界，每个人都崇尚个性，都在追求与众不同，标新立异更是这个时代的潮流。作为一个精明的管理者，你只要能抓住这一点，就一定能创造出一条财富之路。

随着企业的发展壮大，你所面临的压力也会越来越大，让消费者掏腰包，满足公司的生存和发展的需要并不是一件容易的事情。这时候，哪怕是细节上的一点点创新，都可以让你的产品拥有更多的卖点，自然也就可以讨得消费者的欢心。要知道，优秀的企业总是能抓住消费者的心，建立自己的特色去赢得顾客的信任和喜爱，如果你的产品缺乏特点，那么企业的成长和发展就会受到限制。

迪斯尼乐园被称为是"创意工厂"，他们所创造的卡通形象米老鼠，一经问世就受到了孩子们的喜爱。

米老鼠这一卡通形象给迪斯尼公司带来了名望和财富，不过，公司创始人沃尔特·迪斯尼却并没有就此满足，因为他知道，只有米老鼠这一个卖座的卡通形象，不足以支持公司在动画行业内长久地立足。为了不断创造出新的卡通形象，迪斯尼公司在1934年扩张到具有180多人的规模，并且建立了一座50多亩的制片厂。

除了不断创造出诸如唐老鸭、邻家女孩米妮、小熊维尼等新

的卡通形象之外，迪斯尼还成立了米老鼠俱乐部，只有10岁以下的孩子才有资格成为这个俱乐部的成员。米老鼠俱乐部的成立进一步加大了迪斯尼公司在孩子和家长们心目中的影响力。

受到米老鼠俱乐部和制片厂的影响，迪斯尼又发现，如果建立一座真正的童话小镇，那将会很受欢迎。于是迪斯尼把公司的众多卡通形象加以利用，建成了迪斯尼乐园。这座童话主题的游乐园一经建成立刻大获成功，现在已经成为了全世界孩子心目中的圣地。

沃尔特·迪斯尼说过："以前我们兴旺发达，那是因为我们敢于冒险尝试新事物。我们的公司不能停滞不前，我要弄出新东西来。"从米老鼠到唐老鸭，到米老鼠俱乐部，到迪斯尼乐园，细节上的不断创新支持着迪斯尼公司长盛不衰地走过了近百年。事实上，沃尔特·迪斯尼并没有表现出很强的商业天赋，他具有的仅仅是丰富的创意，总是可以为自己的企业，为自己的产品找到崭新的卖点，而创意已为他谋取了无数财富。

当你坐在企业管理者的位子上，你的企业越发展，你就越知道发展的重要，越创新就越知道创新的必要。如今在商场上，在各行各业中，每家企业都想出类拔萃，发展壮大，尽可能地多赚钱。这就是现代商业竞争如此激烈的原因。在商业竞争中，领先的一方需要不断创新，因为他们要想维持住自己的领先态势，就必须不断地想出新的吸引客户的点子，以便守住自己的既得利益。另一方面，处于追赶状态的一方同样需要创新，因为他们本身就在竞争当中处于劣势，如果拿不出什么特别的东西，客户们凭什么要放弃自己原来的选择，转投你的旗下？在这持续不断的竞争和博弈中，往往一个细节，就可以决定成败。因此，只要市场竞争存在一天，创新管理就是一件你必须要做的事。

做好服务管理，在细小处征服客户的心

"为您服务是我们的职责。"如果一家企业真的能做到这一点，那么这家企业就永远都不会缺少口碑。要知道，除了购买商品外，顾客还购买优质满意的服务。如果缺少了后者，再好的商品也抓不住消费者，也维护不好客户市场。因此，企业要想做大做强，必须要有两个途径，第一是你有好的产品；第二是优质的服务。这两个途径就像是人的两只手，缺少了任何一只，人都会成为残废。

客户是企业的衣食父母，得不到客户的信任和支持，就算企业的资金再雄厚，所面对的，也只能是关门的命运。事实上，企业最大的职责，就是给自己的客户提供最优质的产品，最贴心的服务。

老李夫妇俩是一座二线城市中的私营业主，他俩凭着祖辈传

下来的手艺，在一处农贸市场租了一个摊位，干起了宰羊肉、煮羊肉、卖羊肉的行当。

夫妇俩虽然文化程度不算高，但这生意做得却是相当有讲究的。首先，他俩不是死板地宰宰羊、卖卖肉而已，他们卖肉是分季节的。春夏季，他们主营煮熟的白切羊肉，秋冬季则以卖生羊肉和羊肉片为主。在炎热的夏天，那些适合下酒的熟羊脸羊蹄是顾客们的首选；到了滴水成冰的冬天，热气腾腾的羊汤让每一个过路的人都有想要喝一碗暖暖身子的冲动。

与此同时，卖熟羊肉时，热情的李嫂总忘不了给客人送上一小包椒盐；卖生羊肉时，细心的她又准备了一些萝卜，给每位买肉的客人称好羊肉后随手放上一两个，以便煮羊肉时消除膻味。正是这些热情周到为客人着想的小举动，使他们从众多的摊位中胜出，生意相当兴旺，有一大批固定的回头客。

老李夫妇只是个小摊贩，他们的羊肉摊称不上企业，他们老两口也称不上管理者。很显然，老李夫妇的所谓"经营理念"是非常朴素的，他们根本不懂得什么叫市场，什么叫营销，什么叫管理。但是，老李夫妇却懂得很多真正的老板都不懂得的道理：只有把顾客服务好了，自己才能赚得到钱。事实上，赢得顾客的信任和支持其实一点都不难。

一个十分炎热的夏天，平时热闹非凡的广州街上也看不到几个人了，变得安静了许多。某汽车公司展示中心的大厅里，虽然有来来往往的参观者，但也是静悄悄的。

王牌四
管理体系——优化体制，完善企业制度规范

这时，只见一位穿着汗衫，脚蹬布鞋，满身汗味的老农夫，伸手推开了厚重的汽车展示中心玻璃门。

柜台小姐笑容可掬地迎了上去，很客气地询问老农夫："大爷，请问我能为您做些什么吗？"

老农夫有些不好意思地说："不用，外面天气实在太热了，我是想进来吹一吹冷气，一会儿就离开。"

柜台小姐听完后亲切地说："嗯，最近特别热，据气象台预告说今天有39摄氏度呢。这样吧，您先在沙发上休息一下，我去给您倒杯水吧。"

"真是太感谢了！"老农夫有些难为情地说道："但是，姑娘。我们种田人的衣服不太干净，只怕会弄脏了你们的沙发。"

柜台小姐边倒水，边笑着说："没关系的，我们公司买沙发不是为了摆设，本来就是用来给客人坐的。"

老农夫喝完柜台小姐给他的水，休息了一会儿后，便走向展示中心内的新货车，东瞧瞧，西看看。

见老农夫在看车，柜台小姐又走了过来："大爷，要不要我帮你介绍一下？"

"不要！不要！"老农夫连忙说，"我们种田人用不到这种车，而且我也没有钱买车。"

柜台小姐微笑着说："买不买没关系，以后有机会您可以帮我们介绍啊。"说完，便耐心地将货车的性能逐一解说给老农夫听。

突然，老农夫从口袋中拿出一张皱巴巴的白纸，说："这些是我要订的车型和数量，请你帮我处理一下。"

145

柜台小姐有点诧异地接过来一看，老农夫要定8台货车，她连忙紧张地说："大爷，您一下订这么多车，我们经理不在，我必须找他回来和您谈，同时也要安排您先试车……"

老农夫说："小姐，你不用找你们经理了，我本来是种田的，由于和人投资了货运生意，需要买一批货车，但我对车子外行，买车简单，最担心的是车子的服务及维修，因此我想出了用这个笨方法来试探每一家汽车公司。"

老农夫顿了顿，接着说道，"这几天我穿着这身衣服走了好几家，每当我表明没有钱买车时，就会受到冷落。而只有你们公司，这么热心地接待我，为我服务。对于一个不是你们客户的人，你们尚且如此，更何况是成为你们的客户……"

柜台小姐笑了笑说道，"大爷，为您服务是我们的职责。"

"为您服务是我们的职责。"如果一家企业真的能做到这一点，那么这家企业就永远都不会缺少口碑。要知道，除了购买商品外，顾客还购买优质满意的服务。如果缺少了后者，再好的商品也抓不住消费者，也维护不好客户市场。因此，企业要想做大做强，必须要有两个途径，第一是你有好的产品；第二是优质的服务。这两个途径就像是人的两只手，缺少了任何一只，人都会成为残废。

在所有的管理体系中，服务管理是最容易做到的，同时也是最难做到的。说它容易，是因为服务管理其实没有任何的"技术含量"，只需要一颗肯为顾客服务的诚挚的心；说它难，是因为要想

王牌四
管理体系——优化体制，完善企业制度规范

做好服务管理，需要全公司上上下下都拥有这颗心，并且把这颗心日复一日地保存下去。"路遥知马力，日久见人心。"用这两句诗来形容服务管理，再恰当不过。

永远不要放松企业的资金管理

资金管理不仅仅是对财务的重视，同时还包括一套行之有效的管理方法。如果一本账被管理得明明白白，大家都没有怀疑，那相信在大家通力合作之下，必然可以开创出事业的辉煌。

在商言商，既然要创业，那就必须要以生意场的方式行事，资金管理则是一个成功管理必备的技能。资金管理不仅仅是对财务的重视，同时还包括一套行之有效的管理方法。如果一本账被管理的明明白白，大家都没有怀疑，那相信在大家通力合作之下，必然可以开创出事业的辉煌。

有些人开公司，表面看上去很风光，但到年底一核算，却发现没有赚到多少钱，甚至还会有亏本的情况发生，有些人的经营虽然表面看上去平平淡淡，但到年底一清点，却会发现有不错的收入。产生如此大反差的原因，就在于他们的资金意识。欠缺资金意识，经营和实际收入很容易发生偏差，而那些拥有资金管理意识的管理者，在他的精心打理下，很容易实现他在财务上所设定的目标。

1997年9月，日本著名百货公司八佰伴轰然倒塌，宣布破产，引起舆论一片哗然。八佰伴集团是在世界范围内都有很大影响力的大公司。并且当时八佰伴集团的业务仍然蒸蒸日上，在东南亚一带急剧扩张，看不出有丝毫颓败的迹象。听到这样的消息，人们有些不能接受，不知道是什么原因造成了公司破产。最终才明白是因其资金周转存在困难，一分钱难倒英雄汉，这家集团在一夜间轰然倒塌。

与此相反，有些大公司虽然表面上在亏损，但他们仍能坚持经营，甚至在后来获得了经营上的转机。由此看来，过去人们认为一个公司只有亏损才会导致失败的想法未必全对。即使利润表上表现出来的利润数字是"黑"字，但也会有资金调度困难的时候，有时利润表上表现出来的利润数字是"红"字时，但公司经营仍然可以保持良性发展。

八佰伴的失败，就在于企业过分强调了自身经营规模的扩张，却没有及时协调企业的资金管理。最终使企业资金支持没有及时跟上企业发展的速度，出现现金流断流，最终导致企业经营失败破产。相对而言，企业如果善于管理自己的资金，即使短期内处于经营不利的困境，但通过"精打细算"的经营，也可以使企业度过这段困难时期，迎来发展的第二春。

只有管好了自己的钱口袋，才能让管理者对企业的经营状况

王牌四
管理体系——优化体制，完善企业制度规范

做到心里有数。他会明白什么样的决策可以刺激增加财务收益，什么样的投资决策，又会对财务产生压力或不利影响。当资金管理上出现警告的时候，他就会积极寻求解决问题的办法，而不会等到问题累积，集中爆发的时候，才猛然意识到问题的严重性。因此，一个具备完善的资金管理能力的管理者，才是一个合格的管理者。

投资同样是企业经营的重要方面。影响投资成功的因素有很多，比如政策、技术、市场等，只有对所有这些因素都有所考虑和准备之后，企业才有可能收获那份宝贵的成功。如果管理者的投资选择欠缺考虑，就很容易盲目跟风。对于这样的不懂得资金管理重要性的管理者，虽然有着良好的意愿，但现实所给予他们的往往是非常残酷的结果。

"这个小烟店已是我开的第三个店了，前两个都开不下去，关闭了。"家住沈河区大南街的郭先生给记者讲了他的创业经历，48岁的他因为不能承受私企的高劳动强度，在2009年年初的时候，主动选择辞职。

5月份的时候，土渣饼火遍沈阳，看着排队等待买饼的人，郭先生心动了，他最终花3000元买下了土渣饼技术，租了一个店面，进行了简单装修，办了营业执照、卫生许可等手续，请了3名服务员，就开始营业。因为店面紧挨马路，郭先生信心满满准备大赚一笔。可开张后，生意并不好，平均一天连100张饼都卖不出去，开业两个月一直在赔钱。本想再坚持一段时间，可没多

久就发现沈阳土渣饼店基本都关了。"没办法,我也只能把店关了。这时,我又发现沈阳开始流行小化妆品店,于是又投了两万开店,可顾客还是很少,根本赚不到钱,撑了不到3个月也关了。"

饱受挫折的郭先生对自己的两次投资进行了反思,终于总结出屡次失败的原因:第一就是自己开店目的不明确,流行什么开什么,没有做过调查,在土渣饼整体走向下滑的形势下就行投资开店,最终导致失败;第二次,是没有考虑投资项目所在的地理环境,在一片既没写字楼,又没企业的老住宅区附近开化妆品店,销量必然不好。"根本没有购买人群,挨着马路又能怎样?像现在经营的这个小烟店,就比较适合在住宅区附近开,现在效益还算不错。"

有些人因为缺乏经验,在确定经营方向时爱盲目跟风,哪行赚钱就做哪行,谁发财模仿谁,总觉得这样能减少投资风险,并且也容易获得成功。但这样做的结果,只能跟在别人后面捡麦穗,好一些的还可以勉强经营,糟糕一些的,恐怕连本钱也追不回来。而这,正是资金管理理念方面的错误所导致的后果。

经营企业,永远也不要放松资金管理。资金管理做好了,企业的资金流向就明确了,企业是盈余还是亏损,盈余和亏损的原因都会变得清晰可见。这样一来,企业的运营也就有了依据,企业的成功也就有了指望。

王牌五
收揽人才
——团结协作，建立高效智能团队

任何企业的发展都离不开人才。俗话说，"千军易得，一将难求"。作为招揽和带领这些人才的管理者，有必要掌握选择人才、运用人才和管理人才这张王牌。只有这样，企业中的每个员工才能最大限度地发挥自己的优势，合理地避免自己的劣势。只有这样，企业也才会保持蓬勃向上的活力，获取更高的效益。

管理者成功的关键是善于用人

如果管理者喜欢从头管到尾,越管越变得事必躬亲,独断专行,疑神疑鬼。同时,部下就越来越束手束脚,养成依赖、封闭的习惯,把主动性和创造性丢得一干二净。而一旦放开手脚,敢于用人,善于用人,整个团队,整个企业却可以人尽其才,物尽其用,爆发出惊人的能量。

麦当劳公司的创始人雷蒙·A.克罗克曾经说过这样一段话:"在公司的管理方面,我相信少就是多的道理:你抓得少些,反而收获就多了。"

难道美国大老板克罗克先生也深悉咱们中国的老庄之道,在公司管理方面讲究放任自流无为而治?当然不是。克罗克的"少就是多"指的是在自己少管的同时让别人多管,只有敢于用人,善于用人,才能把企业管理的井井有条。

要知道,现代社会分工越来越细,专业的事情就要交给专业的人去做,找对人才能做对事,在激烈市场竞争中才会有更大胜算。要想成为一个成功的管理者,就必须认识到人才的重要性,并且能够让他们在岗位上发挥出自己的作用,这才是克罗克所谓

王牌五
收揽人才——团结协作，建立高效智能团队

"少就是多"的管理理念的精髓。

陶弗格特是一家私人电脑公司的经理。他每天要处理上百份文件，这还不包括临时海外传真的商业信息。他经常忙得连喝杯咖啡的时间都没有，他不断地抱怨说自己要是有三头六臂就好了。

超负荷地工作让陶弗格特感到疲于应付，每天走进办公大楼，就会在电梯口被职员团团围住，有的要批文件，有的让他在合同上签字。傍晚回到家的时候，才得以擦拭一下额头的汗水。

一天，陶弗格特终于忍不住了，他爆发了，在电梯口拒绝了所有的人，在自己的办公室将所有无意义的文件抛出窗外，让他属下拿主意，不必请示自己。他给秘书作了硬性规定，递交上来的报告必须筛选，最终不能超过10份。

刚开始，属下都很不适应，因为他们已经习惯了奉命行事的工作方式，突然让他们对许多事作出定夺，有点茫然失措。不过，没多久，大家就都适应了，公司开始井然有序地运转。

刚开始下属会有一些决策失误，经过磨合和调整后，大多能及时准确作出决策。这样做，相反效率却提高了，以前经常性的加班现在也取消了。

陶弗格特似乎寻找到了一个方法，他不断将自己的工作分配给那些适合的属下，而他自己有足够的时间去考虑公司的发展、年度财政规划、在董事会上的报告、人员的聘任和调动等问题。

事必躬亲，只会累坏自己。每个人都有权利欲，而在掌握了权力之后习惯于相信自己，放心不下他人，经常粗鲁地干预别人的工作过程，更是许多老板的通病。问题是，这会形成一个怪圈：管理者喜欢从头管到尾，越管越变得事必躬亲，独断专行，疑神疑鬼。同时，部下就越来越束手束脚，养成依赖、封闭的习惯，把主动性和创造性丢得一干二净，就像陶弗格特那样。而一旦放开手脚，敢于用人，善于用人，整个团队，整个企业却可以人尽其才，物尽其用，爆发出惊人的能量。

柳传志说过："要做大事的人，必须退下来，让别人去做。如果我一直身先士卒，就没有今天的联想了，我现在已经退到了制片人的角色。现在包括主持策划，都是由年轻人自己搞，杨元庆他们自己的事，由他主持策划，我只是谈谈未来的方向。"柳传志的个人能力毋庸置疑，但为了联想帝国能够"远航"，他选择相信自己的下属，作为一个优秀的老板，他知道找到合适的人，让他们放手去做，这才是让企业取得效益的最好方法。作为普通人，我们不能奢望拥有像柳传志一样的成绩，但却要从他身上学习更多这些宝贵的经验和管理智慧。

贞观年间，唐太宗李世民问大臣房玄龄和萧禹说："你们认为隋文帝是一个什么样的皇帝呢？"

两人想了一会儿，回答说："隋文帝能够很好地约束自己，使自己的行为符合礼的要求。他勤于为政，每次上朝，常常要拖到太阳西下的时候才退朝休息。朝中五品以上的大臣，他都要和他们一起讨论政事；担任宿卫的人，他都要和他们一起吃饭。隋文帝虽然不能说是仁爱英明，也算得上是励精图治的君主了。"

王牌五
收揽人才——团结协作，建立高效智能团队

李世民听完，微微笑了笑，说："公等只知其一，不知其二。隋文帝这个人极其明察，可是心术不正。心术不正就会考虑不周，本性明察又容易多疑。他自己是通过欺凌前朝的孤儿寡母才得到天下的，便认为所有的臣子都不可信任，什么事都要自己决定。这样一来，虽然他费尽了心思，累垮了身体，却仍然做不到事事合理。朝臣既然已经知道了主上的为人，也就不敢再说真话了。从宰相以下，大臣们只是接受命令罢了。朕却不这样想，天下如此之大，怎么能靠一个人的思虑来治理呢？朕正在广选天下的贤才，让他们来做天下的事情。朕信任他们，同时督责他们，让他们成功。如果他们能够各尽其才，天下便可以治理好了。"

作为皇帝，唐太宗李世民手中的权力大到无与伦比。但是，相比于抓权，唐太宗显然对用人更感兴趣。正所谓"治大国若烹小鲜"，治理国家和管理企业在理念上并无本质的差别。一千多年以前的唐太宗就懂得管理者成功的关键是善于用人的道理，难道我们就不能从他的身上学一些放开手脚任用下属的理念吗？

事必躬亲，就算智比天高，强如诸葛亮，最终也要积劳而死。要想成为一个好的管理者，我们就必须意识到人才的重要性，懂得敢于用人和善于用人的道理。做到了这一点，既有利于增强下属的责任感，又能充分发挥他们的积极性和创造性，何乐而不为？

丰富的人力资源让企业立于不败之地

人才是企业的灵魂，他们要么是正确决策的制定者，要么是高新技术的研发者，要么是新型产品的生产者，要么是抢占市场的先行者。如果企业不从战略的高度去认识这一点，白白地让优秀人才流失，被自己的竞争对手所用，那么企业在竞争之前就已经先失一招了。

21世纪什么最贵？人才！丰富人力资源是企业强大的基础。从某种意义上说，现代商业领域，企业之间的争夺就是人才的争夺。只要拥有了高质量的人才，也就在企业之间的竞争中占据了主动。人才是企业的灵魂，他们要么是正确决策的制定者，要么是高新技术的研发者，要么是新型产品的生产者，要么是抢占市场的先行者。如果企业不从战略的高度去认识这一点，白白地让优秀人才流失，被自己的竞争对手所用，那么企业在竞争之前就已经先失一招了。

因此，不断招揽人才，积累自己的人才储备才是让企业保持永恒活力的重要法宝，企业在商业领域才能够立于不败之地。

在湖北省有一个叫观音岭的地方，这个地方海拔1200多米，

王牌五
收揽人才——团结协作，建立高效智能团队

山上是茂密的原始森林，是湖北省著名的旅游景点之一。与此同时，观音岭同时也是湖北省重要的贡茶产地。在观音岭有一家贡茶开发有限公司，这家公司的董事长叫作王新。

观音岭的茶叶种植已经有几百年的历史了，早在明清时代，这里的茶叶就成为了进献给皇帝的"贡茶"，茶叶的品质自然是毋庸置疑的。王新的茶叶公司坐拥如此优良的自然资源，但其产品却并不为人所知，原因就是在他的公司里，缺少一位有经验的管理人才，而且这个人一定还要懂行才行。

为此，求贤若渴的王新想尽了办法。他不仅在报纸和网站上不断发布招聘启事，同时还特地在朋友圈中打听，希望能够招到这样一个能人。终于，有朋友向他介绍，说武汉有一个具有20年生产茶叶经验的厂长，姓马。这位马厂长曾经把一个默默无闻的国营茶场，做到全国闻名，现在已经退休了。王新觉得这是个机会，他决定亲自登门拜访马厂长，如果真如朋友所说的那样，他就把马厂长招至麾下，让他做自己的总经理。

第一次的登门拜访，王新没能打动马厂长。马厂长听说他的来意之后，推说自己年事已高，拒绝了王新的邀请。马厂长的话语像一盆冷水，泼在了王新的头上，王新的热情被打消了一半，只能怏怏地走出了马家。但是，王新此行也并非一无所得，因为他从马厂长的言行中看出，这正是自己期盼已久的人才。

仅仅是一次失败，王新岂肯就此放弃，他决心坚持当初的决定，不管花什么代价，一定要将这位"诸葛亮"请出山来。第二次，冒着大雨，王新又一次来到了马厂长的家里，这一次，马厂

长没有立刻回绝王新,而是给他泡上茶,两人谈了很久。但是,这一次,马厂长还是没有答应王新的请求。王新又以失败而告终。但是在这次深谈中,王新更加确信马厂长就是自己的"诸葛亮",无论如何,自己还会再来的,他太需要马厂长这样的人才了。

一个偶然的机会,王新得知了马厂长母亲的生日,于是王新专门在武汉定制了一个大蛋糕,租车送到马厂长家里,给他母亲祝寿。马厂长的母亲70多岁了,对于王新能给自己祝寿非常感动。在得知王新的来意后,她反而帮着王新劝起自己的儿子来:"你看人家这么有诚意,你就帮他一起发展吧,不用担心我,我这身体啊,还硬朗着呢!"

原来,马厂长之所以不肯答应王新,就是因为母亲年事已高,自己不好跟王新去观音岭,反而把母亲一个人扔在武汉不管。王新一听这话,立马保证说:"马厂长,我的茶厂是在观音岭,可您是搞管理的,您在武汉就行,不用非得跟我一起跑到山里去!"马厂长一听这话,心里没了顾虑,终于决定"出山"帮助王新了。

在马厂长的帮助下,王新的茶叶公司有了脱胎换骨的变化,生产技术得到了更新,管理得到了加强,销售额直线上升,成为了全国知名的茶叶品牌。

历史上的"三顾茅庐",让刘备获得了一个天下,而这则故事可说是现代版的"三顾茅庐"。王新之所以如此求贤若渴,正是因为他深深懂得人才对于一家企业的重要意义。

俗话说"三军易得,一将难求"。像马厂长这样懂行的管理人才，那是打着灯笼都找不到的，也难怪王新肯以董事长之尊，先后三次登门拜访了。也正是由于马厂长的加入，王新的公司才一举扭转了在市场竞争当中时刻处于劣势的局面，在商战中打败了众多本省的茶叶公司，进军了全国市场。如果我们自己也有王新这种求贤若渴的态度，又何愁找不到人才，何愁自己的企业不能发展壮大呢？

用人要着眼于其自身长处

人各有其短，亦各有其长。有人感叹无人可用，有人庆幸人人可用。正确的用人之道，是充分发挥一个人的优势，避开一个人的劣势，扬长避短，让其长处能够得到最大限度的发挥，这样才不会浪费人才。

人无完人，古往今来还没有任何一个人可以称得上是毫无缺点的人。因此，如果你在用人的时候只想着任用那些最优秀的人，那么你在用人方面绝对会遇到重重的阻力。不仅因为世界上优秀的人才不可能全都为你所用，更因为这是对人才的一种巨大浪费。事实上，人各有其短，亦各有其长。有人感叹无人可用，有人庆幸人人可用。正确的用人之道，是充分发挥一个人的优势，避开一个人的劣势，扬长避短，让其长处能够得到最大限度的发挥，这样才不会浪费人才。但实际情况是，多数领导在选用人才时，往往只看外表、谈吐等形式因素，而忽略其实质内容，以偏概全，置之不理，结果就会丧失人才。这样的领导，绝不是善用人才的领导，而他们所领导的企业，迟早都会因为缺乏人才而在竞争中败北。

世界著名快餐企业麦当劳素以善于用人出名，甚至可以称得上是一个真正的人才大熔炉。麦当劳的高层们每个人都有着各自不同的背景和个性。他们当中，曾有在纽约市当过警察的邓纳姆，有曾经当过大学教授的特雷斯曼，有以前是法官的史密斯，有破产银行家西罗克曼，有凯茨这样的犹太教士，有舒帕克这样的美国共产党员，有之前开过服装店的科思布斯，甚至还有瓦卢左博士这样的资深牙医等等。麦当劳在招聘时从来不限定应征者的专业，所以他们才招揽了这样一大批来自于各行各业的在外人看来是稀奇古怪的家伙。他们这些人当中有很大一部分人的脾气都相当古怪，但麦当劳都能够容忍他们，并给他们很大的自由度，让他们发挥自己的专长。麦当劳的目的，是要建立一个范围广阔，可以为加盟者提供全面服务的组织，因此，麦当劳喜欢雇用有各种不同观念的人才，从而建立一个健全、平衡的组织。

事实上，充分利用手下员工的长处早已经是现代企业管理科学当中的重要组成部分了。现代企业管理科学认为：一个人的短处是相对存在的，只要善于激活他某一方面的长处，那么这个人就可能修正自我，爆发出惊人的工作潜能。如果一个领导者仅是

王牌五
收揽人才——团结协作，建立高效智能团队

因人之短，就忽略了这个人的长处，并且弃之不用，那就说明这个领导者既缺乏容人之量，也缺少人力调配方面的必要手段。正如有的人说，善于发现下属的长处，正是现代企业领导的智慧之一，领导者要善于激活下属的长处。唯有如此，才能充分挖掘企业所有员工的内在潜能。

三星电子位居韩国十大企业之首，在全世界范围内也是首屈一指的知名大企业。三星之所以能够在短短几十年时间里从一家名不见经传的小杂货店成长为韩国人的骄傲，不拘一格选拔人才的理念在其中起到了非常重要的作用。

三星自1957年就开始实行严格的人才选拔制度，他们从不根据学历、专业和从业经验来招聘人才。在选拔人才时所奉行的标准是"招聘具有智能、诚实和健康的人"，他们认为其他任何技能都是可以培养的，唯独智力、人品和健康是例外。因此，在把符合条件的人录取为企业职工之后，三星公司不惜花费大笔资金，把他们培养成为对公司发展有用的人才并安排到适合他们的岗位上去。由于三星电子在招聘时更注重员工的智力、人品以及健康，因此当那些新员工通过了入职培训并获得了自己的岗位之后，公司就会赋予他们最大限度的权利和责任，最大限度地信任他们，以便这些员工能够尽可能地发挥各自的能力。

与此同时，三星还十分重视从实际工作中选拔人才。三星判断一个人的工作能力，从不像大多数普通公司那样从员工的学历出发，而是立足员工的实际工作能力和工作业绩。对于从实际业

务中涌现出来的优秀人才，三星从来就是毫不犹豫地予以提升，要知道，工作实绩在三星电子内部是最有说服力的一项指标。

给员工以犯错误的空间是三星人事管理的又一个重要原则。相对于结果，三星电子更看重员工的工作态度和责任感。只要一名员工在尽职尽责地工作，即使一时犯了错误，甚至使公司遭到了一些损失，公司也会给予宽大处理。一心为公的员工，只要出发点是好的，即使偶尔犯错，公司也会给他改过和重新发展的机会。相反，对于那些工作不勤恳，因一己私利给公司带来损失的人，三星是绝不宽容的。

三星电子不但始终在为员工最大限度地发挥自己的个人能力创造条件，而且在生活上也给予了他们优厚的待遇，以便解除其后顾之忧，使其能够安安心心地为公司效力。一般地，三星集团往往给高级职员安排终生职业，使他们深切感受到"三星就是家"，真正融入三星这个大家庭。

毫无疑问，三星电子所奉行的人才选拔和调配理念是相当先进而且有效的。这种先进有效的人才选拔制度，使得三星人才辈出，为公司的发展提供了大量的优秀储备。这也是在企业界三星电子素有"人才宝库"美誉的原因所在。

事实上，那些精于人力调配的企业管理者从来不问员工是否跟自己合得来，而是问员工能否为企业做出贡献；他们从来不在乎员工不能做什么，而在乎的是员工能为企业做什么。因此，充分发挥员工的长处才是一家成功企业所应有的风范。

王牌五
收揽人才——团结协作，建立高效智能团队

把最合适的人安排在最合适的岗位上

只有一流的人才才会造就一流的企业，如何筛选识别和管理人才，证明其最大价值，为企业所用，是企业领导者在人力资源调配上所面临的最现实的问题。选取适用的人才，发挥人才的每一分才能，这就要求企业要根据自身情况量身定做，通过各种途径招纳、选聘优秀人才，真正做到知人善任。

一提起人力资源管理，人们首先想到的肯定是一个词——知人善任。知人善任这个词包含两个方面的内容：首先是知人。即管理者对员工有一个清晰明了的理解。看员工是否具备某项工作的能力。只有混乱的管理，绝没有无用的人才。在清楚了这一点之后还必须认识到每个人都不是全才，这就要求管理者把合适的人放在合适的位置上。知人是善任的前提条件，做不到知人就谈不上善任；而善任则是人力资源管理的目的所在，是知人的深化。

举个例子来说，如果要求一个搞技术的人去抓管理，那么显然是不合适的。既然这个人适合搞技术，那还是让他去做自己的老本行比较好。至于管理，还是得另找一个精于管理的人才来做。让合适的人去做合适的事，才能有效发挥人才的价值，做到人尽其才，而这，正是企业进行人力调配的目的所在。

知人善任，说起来虽然轻松，却也不是那么容易做到的。要想搞好企业内部的人力调配，做到人尽其才，那么你首先需要做到的就是知人。

本田是著名的世界500强企业，当年，日本权威经济媒体《日经商务》曾对本田公司的创始人本田宗一郎进行专访。在专访中，记者向本田宗一郎提出了"为什么本田能够如此迅速地取得成功"这个问题，而本田宗一郎是这样回答的："用一句话来讲，本田公司之所以能够迅速崛起，归根结底是因为我们没走弯路。说到底，我只是一个工程师，我只懂技术方面的事，即使有其他可赚钱的买卖也干不了，也没有去做的勇气。因此，我把企业管理和财务方面的事都交给藤泽来管。能与藤泽合作是我最幸运的事，本田公司也因此才发展到今天的规模。"

曾有人这样形容本田公司："技术之本田、经营之藤泽、汽车上的两个轮子、理想的分管经营。"这个比喻确实很恰当。索尼公司的元老井深大也说："藤泽是一位使本田百分之百发挥才能的精明经营者，本田是一位百分之百信任藤泽才华的天才技师。"

本田勇于解决技术问题，但对理财不甚知晓；藤泽不懂技术，但能够筹集资金，推销产品，管理企业。虽然本田宗一郎名义上是本田公司的老板，藤泽所做的这些工作原本应该是他的分内之事，但是本田宗一郎知人善任，把这些工作全权委托给了藤泽而自己则埋头进行技术攻关，两人取长补短，形成了完美的组合。

王牌五
收揽人才——团结协作，建立高效智能团队

如果本田宗一郎没能发现藤泽的才华，或是缺乏将企业全权交给藤泽管理的气魄，恐怕本田公司也不会有如今的成就。

21世纪什么最贵？人才！虽然这只是电影当中的一句戏谑之语，但我们可以毫不夸张地说，现代企业的竞争归根结底就是人才的竞争。拥有了优秀人才，企业也就拥有了克敌制胜的法宝。选用一流的人才为企业服务，企业就能在众多的竞争对手中脱颖而出。如果一家企业的领导者连知人都做不到的话，那么这家企业也就失去了进一步向前发展的动力了。

在知人的基础上就是善任了，而善任则要比知人更加艰难。因为知人毕竟只是企业领导者自身的修炼，而善任则需要考虑诸如任用对象的资历，任用时可能遭遇的阻力，任用之后可能造成的影响等各方面的因素。因此我们才说，知人是眼光，而善任需要魄力。

在海尔集团总裁张瑞敏看来，任何一家企业其实都不缺人才，海尔也是一样。之所以有些企业整天嚷嚷着缺乏人才，那是因为他们缺乏发现人才的眼睛，更缺乏任用人才的魄力。对于张瑞敏来说，每一个员工都有其可取之处。他主张在竞争中选人才，在竞争中用人才，将人才推到属于他的岗位上去。

为了把每个人最优秀的品质和潜能充分发挥出来，海尔"变相马为赛马"，大搞竞争上岗，并且在全体员工高度认同的情况下，不断实践、提高。这无疑是一种有利于每一个人充分发挥自己特长的机制，使每一个人都能在企业里找到适合自己的价值和

165

位置。张瑞敏评价自己的办法是"你能翻多大的跟头，我就给你搭多大的舞台。"而这一用人方式无疑给每个员工提供了一个任其发展的广阔空间。张瑞敏的这种政策极大地增强了员工的热情，每位员工都尽自己最大的能力为企业效力。无疑，海尔的这种政策是企业成功用人的典范。

只有一流的人才才会造就一流的企业，如何筛选识别和管理人才，证明其最大价值，为企业所用，是企业领导者在人力资源调配上所面临最现实的问题。选取适用的人才，发挥人才的每一分才能，这就要求企业要根据自身情况量身定做，通过各种途径招纳、选聘优秀人才，真正做到知人善任。

其实在用人上，企业领导者并不一定要遵循什么章法，但优秀的人才自然具备大多数的、共有的出色能力，如特别擅长某种技术或工作敬业等。找到具备多种优秀品格、优秀能力的人，一般来讲自然也就网罗到了出色人才。

"人品"是衡量人才的重要标准

德才兼备几乎是所有人评价人才的一项重要标准。因为二者中少了其中任何一个，都算不上理想的人才。有了好品行，又有

王牌五
收揽人才——团结协作，建立高效智能团队

一定的才能，方可称为优。相反，如果品行不过关，即便才能凌驾于他人之上，也只能算劣才一个。

诚然，人才是任何一个团队和任何一家企业发展的根本。和其他方面比起来，人才才是企业发展的第一要素，是推动企业发展的最强大力量，也是企业必须紧紧抓住、努力开发的最核心资源。

然而，现实生活中是什么景象呢？很多企业并不缺能力高、学历高的人，甚至有的企业精英荟萃，可是让人迷惑的是，在这样的企业或者团队里，却面临着发展动力不足的困境，甚至有的还惨遭淘汰。

仔细挖掘其中的原因，我们会发现，这样的企业虽然能力高、学历高的人不稀罕，但是他们大多缺乏诸如忠诚、敬业、服从、正直、诚信等优良品德，而一个优秀的员工，是必然要具备这些品质的。试想，一个员工人品普遍低下，充满重重矛盾、钩心斗角、尔虞我诈、损公肥私的企业，又怎能发展壮大呢？

北宋著名史学家司马光曾经说过："才者，德之资也；德者，才之帅也。"意思就是说德，是才的统帅；才，是德的辅助。他将人才分为4种："德才兼备为圣人，德才皆缺为愚人，德高于才为君子，才高于德为小人。"他曾感叹，许多君主用人时，都会为被其才能所迷惑而忽视了品德，最终亡国毁家。因此，他的选才思想是：以德为首，因为君子凭才能而行善，小人凭才能而作恶。

在这方面，清朝著名军事家曾国藩拥有一双善于识别德才兼备者的慧眼，经他之手，曾有不少栋梁之才涌现出来。他选才的思想与司马光一样：在德才之间，他更强调人的品德。曾国藩所谓的"德"，含义很广泛：忠诚、踏实、正直、勇敢等都属于有德。他强调要"于纯朴中选拔人才，才可以蒸蒸日上"，这里的"纯朴"就是指朴实、诚实等优秀品质。他认为："德就是在政治上要忠于自己的信仰与事业，要能心甘情愿地为之竭尽全力；在作风上要质朴实在，能吃苦耐劳；在精神上要坚忍不拔，顽强不屈。"

正是在这种选才标准下，他提拔了后来成为台湾首任巡抚的刘铭传。

一个阳光明媚的午后，曾国藩的家中来了3个年轻人，他并没有立刻接见他们，而是让他们在大厅中等待，一直到黄昏时，曾国藩才露面。

原来，这3个年轻人是曾国藩的学生李鸿章向其举荐的，希望他们可以得到曾国藩的赏识，做出一番事业。而曾国藩迟迟不肯相见，就是想考验他们一下。他一直在暗处观察他们的举动，发现三人各有不同：一个人四处观察屋内的摆设；一个人规规矩矩地坐在椅子上；一个人则站在门口，仰望天上的云朵。时间一长，前两个人开始露出不满的神色，而第三个人仍旧面色平静地欣赏美景。

看到这一切后，曾国藩走到大厅，和他们攀谈起来。几轮谈话下来，曾国藩又有了新的发现：四处观察屋内摆设的年轻人和他很有共同语言，讲起话来滔滔不绝，另外两个人则显得沉默寡言。但是，那个一直在门口欣赏美景的年轻人虽然话语不多，但常常语出惊人，见解独到，偶尔还会顶撞他。天色渐晚时，3个年轻人起身告辞。

他们离开后，曾国藩就对3个人作出了职位安排，结果让人很意外：他将顶撞自己的年轻人派去军前效力，让那个沉默寡言的年轻人去管理钱粮马草，而那个与他很谈得来的年轻人只是做了一个有名无权的小官。

众人对这个安排十分不解，有人问道："曾大人，您为何将与您最投机的人排斥在外，却让一个有些高傲的年轻人去军中任职，还让军中的大将重点培养他？"曾国藩笑着说道："那个和我很谈得来的年轻人，在大厅等待的时候，就认真观察大厅的摆设，他与我说话的时候，我能感觉到，他对很多东西根本不精通，只是投我所好而已。而且，在背后发牢骚发得最厉害的就是他，但见了我之后，他却最恭敬。由此可见，他是个表里不一的人，有才无德，不可委以重任。那个沉默寡言的年轻人，说话唯唯诺诺，没有魄力，但性格还算沉稳，至多可做刀笔吏。而那个顶撞我的年轻人，虽然在大厅里等待那么长的时间，却毫无怨言，还有心情观赏浮云，这份从容淡定就是少有的大将风度，而且，面对我这样地位的人，他还能不卑不亢地说出自己的独到见解，可见品德高尚，是少有的人才，我当然要提拔他。"众人听后，连连点头称是。

受到曾国藩提拔的那个年轻人就是刘铭传，他与曾国藩的期望一样，在一系列征战中表现出色，迅速成为军中名将，还因战功显著被册封了爵位。年老之时，他还重跨战马，率领台湾居民大战侵略法军，扬名中外。

识才、选才、用才，三者是相辅相成、一脉相连的。曾国藩慧眼识才，以德选人的故事，是很值得现在的管理者深思和借鉴的。作为企业的管理者，选拔人才时，要遵守这样的原则："有德有才重用，有德无才可用，无德有才慎用，无德无才弃用。"如果一个管理者只重视员工的才能，而忽视其品德，最终只会给企业造成损失。或许，我们能从下面这个案例中接受到某种教训：

春节过后，温浩负责的部门新招聘了两名业务员，一个叫李达，一个叫黄鹏。按照公司规定，新员工都要有两个月的试用期。

很快，两个月过去了，在短短两个月内，李达的签单率位居整个销售部第三名，为公司创造了可观的利润。为此，作为主管的温浩对他另眼相看，觉得这是个可塑之才，甚至在一次部门会议上表示，要提拔李达做他的助理。

此后没几天，温浩收到了好几封匿名邮件，里面的内容意思相近，大致是说李达这人的品质不太好，当助理好像不太合适，反而他们觉得黄鹏不错。

温浩心想，我们作为销售部，看中的就是业绩，在这一点上，李达绝对强于旁人的。虽说黄鹏态度很好，但业绩要逊色一些，不适合升职。于是，他坚持己见，让李达坐上了助理的位置。

没想到，升职后的李达，狐狸尾巴渐渐露了出来。他狂妄自大，总是无事生非、挑拨离间，使员工之间矛盾重重，把一个好

王牌五
收揽人才——团结协作，建立高效智能团队

端端的部门弄得乱七八糟。他还暗地里拿客户的回扣，将一些商业机密透露出去，给公司造成了不小的损失。

而一直没被温浩看好的黄鹏呢，则一直脚踏实地地工作，敬岗敬业，乐于助人，尽管没有得到重用，却没有抱怨，依然努力做好自己的工作，不仅为企业创造了经济效益，也以优良品质得到了同事的尊重和客户的认可。

经历了这件事后，温浩深有感触地说："一个员工有德无才，最终会危害公司的利益。李达出了问题，主要不是出在才上，而是出在德上；部门的员工对他不满意，也主要是对他的德不满意。所以，德才兼备、以德为先，应该是我们的首选用人标准。"

温浩用自己的经历为人们作出了警示：在衡量一个人是否是人才的时候，永远不能忽视这个人的"人品"。

某著名企业的用人哲学就是："有德有才，破格使用；有德无才，培训使用；有才无德，限制使用；无才无德，绝不使用。"古代管理者所讲的"以貌取人"看重的是一个人的外貌，而现代管理者推崇的"以才取人"，注重的则是能力。曾有这样一家企业，他们录用员工的时候，提出的第一个问题居然是其对老人是否孝顺。在他们看来，不孝则无德，而无德之人即便才华横溢，也不能被信任与录用。这就是选人先选德，他们为人才树立起了一杆品德的标尺，这是值得鼓励与倡导的。

意大利诗人但丁有句名言："一个知识不全的人可以用道德去弥补，而一个道德不全的人却难以用知识去弥补。"才能不出色，

可以通过自身努力和他人的帮助而提高。但是，品德低劣，却是很难改变的。所以，将帅们要改变"有才即可"的选才观念，要用品德作为筛选人才的重要工具，这样，才能将真正的人才网罗到自己的部门中。始终需要铭记：好的人品也会成就优秀的企业，我们需要的是人才，而不是"奴才"。

浪费人才是一种"犯罪"

现代所谓人力资源开发这门学科讲的就是人尽其才物尽其用的学问，目的是使组织生产效率和个人需求满足最大化，想尽一切办法使员工为组织运做贡献思想及创新传播，从而使组织的效能和个人的目标成就最大化。如果能够做到这一点，那么无论是对于企业还是对个人来讲，无疑都是双赢的局面。

当你在感叹自己手下人才匮乏的时候，是不是也应该考虑一下自己是否做到人尽其才了呢？是否也应该反思一下自己是否也在不知不觉间造成了人才的浪费？现代所谓人力资源开发这门学科讲的就是人尽其才物尽其用的学问，目的是使组织生产效率和个人需求满足最大化，想尽一切办法使员工为组织运作贡献思想及创新传播，从而使组织的效能和个人的目标成就最大化。如果

王牌五
收揽人才——团结协作，建立高效智能团队

能够做到这一点，那么无论是对于企业还是对个人来讲，无疑都是双赢的局面。

福特公司的产品工程师哈罗德·斯伯利特曾大力倡议福特公司研发并生产一种微型货车，他认为这种微型货车将是未来汽车制造业的一个发展趋势。但是，福特公司当时的"掌门人"亨利·福特二世对以前埃德塞尔开发微型货车失败的经验耿耿于怀，他认为这根本就是在浪费时间和金钱，他再也不想在微型货车上栽跟头了。而且，亨利·福特二世在主观上认为斯伯利特的能力甚至还比不上他的前任埃德塞尔，那么埃德塞尔做不到的事，斯伯利特当然也做不到。

踌躇满志地提出自己的计划，却被亨利·福特二世冷冰冰地拒绝了，斯伯利特终于发现，福特公司很可能已经满足不了自己未来的发展了。于是，斯伯利特开始有了另谋高就的想法。这时，沃尔沃、通用汽车等公司纷纷向斯伯利特抛出了橄榄枝，希望他能加盟。福特公司的最大劲敌通用汽车捷足先登，得到了斯伯利特的垂青。

在那里，斯伯利特研制微型货车的设想得到了通用汽车总裁艾科卡的大力支持，虽然在研发新型车的五年间，斯伯利特也经历了不少的挫折和失败，但是艾科卡始终对他充满了信心，从没有放弃过对他的支持。五年后，克莱斯勒的新车型微型货车一上市就大受欢迎，成为通用汽车的主打产品之一。而对于斯伯利特来说，他在通用汽车完成了自己在福特公司完不成的心愿，也借

173

此登上了自己事业的高峰。

作为一个企业界人士，就算你之前不知道哈罗德·斯伯利特是谁，你也应该听说过艾科卡的大名。正是在艾科卡的带领下，通用汽车击败了之前曾经垄断美国汽车制造业十几年的福特公司，成为了美国第一大汽车制造商，让福特公司直到今天都翻不过身来。而斯伯利特的跳槽则在其中起到了相当重要的推动作用。

站在中国传统文化心理的角度上来说，我们或者可以谴责斯伯利特的"投敌"是不道德的，但是福特公司这座"小庙"当时确实已经装不下斯伯利特这尊"大佛"了。正所谓"良禽择木而栖，良臣择主而事"，重新选择一家能够让自己尽情释放才华的企业，这对于斯伯利特来说，绝对是无可厚非的。在这一事件当中，亨利·福特二世和艾科卡之间在人力调配能力上的差距也同样是显而易见的，很难说斯伯利特最终选择去通用，是否是因为他更加看好艾科卡个人能力的缘故。而亨利·福特二世因为浪费了斯伯利特这一人才而对公司的未来前景造成的影响，则不能不说是一种"犯罪"。

当代最受推崇的管理学大师彼得·德鲁克曾预言道，建立在知识基础上的经济将成为我们未来的经济形式。在这样一种经济中，企业的真正价值存在于员工的思维能力中。如果人们对工作无主人翁般的责任感，没有充分施展才能的自由，他们就不会进行创造性思维。

人力调配的最高境界是使一家企业所需求的人才能够适时、

适才、适质地得到供应，如果能够做到这一点，则无事不成。而在现实中，许多企业的管理者不清楚员工的真正实力在哪里，员工的才能得不到尽情施展的现象比比皆是。

所谓"人能尽其才"，把人摆对位置是很重要的，这是考验管理者用人的智慧，也是人力资源管理的最高指导原则。大材小用或有才不用都是人力资源的一种浪费，也都是对企业的一种"犯罪"。

请善待自己的员工

在管理学方面，东方的管理学强调领导者的个人能力和修养，西方的管理学则偏重于公司的制度建设。在如何看待下属的问题上，东方的管理学强调的是"仁慈"，西方管理学则有"人本主义"。在这一点上，虽然东西方管理学的表述方式不尽相同，但观点却是一样的，那就是要求管理者善待自己的下属。

有这样一个问题：作为一家企业的管理者，你如何看待自己手下的员工？是把他们当作公司机器运转的一个个可以随时替换的零件，还是把他们当成有自己的想法，有自己的喜怒哀乐的活生生的人？

要想解答这个问题，我们首先要知道，管理是一门与人打交道的学问，企业的管理者是管人的，不是技术工人，不用和机器跟零件打交道。在管理学方面，东方的管理学强调领导者的个人能力和修养，西方的管理学则偏重于公司的制度建设。在如何看待下属的问题上，东方的管理学强调的是"仁慈"，西方管理学则有"人本主义"。在这一点上，虽然东西方管理学的表述方式不尽相同，但观点却是一样的，那就是要求管理者善待自己的下属。

无论是东方的君臣关系还是西方的劳资双方，其实都是这个道理。作为企业的管理者，如果我们把自己的员工看成是拿钱干活的打工仔，公司机器的活零件，以为可以随意替换，那就不要怪手下的员工在工作中不求有功、但求无过，敷衍塞责，视公司利益于无物的工作态度了。他们心里往往会有这样的想法："诚然，你可以随时换掉我，那么企业的兴衰成败和我又有什么关系呢？大不了我走就是了，强过被你看不顺眼而炒掉。"而一家企业的管理如果沦落到了这一步，这家企业的管理者显然就是个不折不扣的失败者。

1938年，一位名叫威廉·惠莱特的美国斯坦福大学工学院的学生设计出了一种名为电子管高频振荡器的装置。这种装置前景十分看好，今后很可能将广泛用于电子工业、医疗、科学研究等各个方面。在老师特曼教授的鼓励下，威廉·惠莱特和他的同学大卫·普克德决定合伙创业。他们向银行借了1000美元，又向特曼教授借了538美元。然后，他们租用了一间破旧的汽车库。

"Hewlett – Packard"公司（简称HP公司）。没错，这就是后来赫赫有名的惠普公司。

说到惠普公司如何从初创时的仅有1538美元资产的小公司发展成为现在全球IT产业的巨无霸，惠莱特和普克德的人本主义管理理念绝对值得一提。

惠普公司向来重视人才，他们认为人才就是资本。威廉·惠莱特曾说："人才是知识的载体，知识是人才的内涵，人才是企业不可估量的巨大资本，而知识就是财富。因而，对于企业而言，人才等于财富。"在惠普，惠莱特和普克德在人力资源管理方面做得最多的就是让员工们感受到惠普对于他们每一个人的重视。惠普公司在员工培训时总是不厌其烦地向员工们强调：你们每一个人都是重要的，你们每个人所从事的每一项工作无论大小，没有任何一项是无关紧要的。

惠普公司没有食言，他们除了加强员工对于自己和自己所从事工作的认同感之外，还十分重视员工们的物质利益。在创业初期比较困难的情况下，惠普就对员工实行一项奖励补偿计划：任何人，如果他能够超额完成工作任务，就可以从公司那里领到丰厚的奖金。后来，惠普公司又进一步推行"利润分享"制度，鼓励全体员工同心同德、共创辉煌。

每个员工的尊严与价值是"惠普方式"极其重要的组成部分——这是惠普公司始终坚持的信条。惠莱特和普克德联手创造了惠普浓郁的人本管理氛围，想方设法避免让那些在其他公司很常见的"繁文缛节"束缚员工们的手脚，抑制员工们的才华。首先，在决策上，他们鼓励员工参与管理，既提倡个人的自由和主动性，又强调目标的一致性和团队协作精神，把制度对人的束缚降到了最低点。与此同时，为了能够做到让"个人的自由和主动性"与"目标的一致性"相协调，惠普还实施了"目标管理"政策。

在这种政策下，惠普的员工们能够灵活地用自己认为最好的方法来完成自己手头的工作而不必遵守固定的制度所确立的模式，惠普重视的是工作的结果，至于员工们为了达成这一目标所采取何种工作方式则全凭自愿。惠莱特认为：要实现公司的目标，必须得到员工的理解和支持，允许他们在致力于实现共同目标中拥有灵活性的。惠普的"目标管理"政策不但受到了惠普员工们的广泛欢迎，而且极大地提升了惠普公司内部的工作效率。

有一个故事可以证明惠普公司对于员工的重视程度。

当时，惠莱特和普克德刚刚创立惠普公司，走上创业之路不久，一批军事订货单送上门来了。谁都知道，与军方合作利润丰厚而且稳赚不赔，风险极小，员工们个个兴奋异常、摩拳擦掌准备大干一番。但谁也没想到，惠莱特竟然拒绝接下这份订单。惠莱特的理由很简单，公司人员不够，如果接下这笔订单，那么公司至少还要再招聘12个人。但现在公司规模又尚小，新招聘的员工在做完这笔订单之后就将无事可做，只能面临被裁掉的命运。可公司既然已经聘用了他们，他们就是惠普公司的一员，惠普公司的宗旨是"绝不轻易裁掉任何一个员工"，所以公司只好忍痛，拒绝这份订单，因为他们绝不会为了公司的利益而损害员工的

王牌五
收揽人才——团结协作，建立高效智能团队

利益。

是收买人心也好，是管理理念也罢，总之善待自己员工的惠普公司靠着员工们的努力一步步成为了世界500强，成为了IT行业最成功的企业之一。

老子说："夫慈，以战则胜，以守则固"，而孟子说："君之视臣如手足，则臣视君如腹心；君之视臣如犬马，则臣视君如国人；君之视臣如土芥，则臣视君如寇仇"。两千多年前的哲人们就曾经这样强调过善待自己下属的重要意义。因此，如果你也想学着做一个精明的管理者，那么就请善待自己的员工吧。

让团队成为温暖的大家庭

当一个团队能转变成一个家庭时，它也就成为挽留人才的最好方法。在这个家庭中，每个人都可以充分发挥出自己的才华，为团队建设建言献策，在这个团队中，每个人都可以获得尊重，因为每个人都是这个家庭中不可或缺的一员。

社会在不断发展进步，不断增强了自身的有机性，相对的机械性与等级观念也就在不断减少，这种趋势最终也就促成了企业管理模式发生转变。在组织或团队中，雇主与雇员、管理者与被管理者已经可以成为历史的概念，应该让你的组织跟上时代脚步，在一个分享民主与参与管理的氛围中建立起一个温暖的大家庭。

在现代企业组织中，每一个人内心深处都有着强烈地成为主人的愿望与使命感。因为人类的本性就是向往自由，渴望成为主宰自己命运的主人。作为企业组织的一员，他不希望再使用六七十年代"驯化"方式来压制他们，组织对于他们来说应该是一个自由交流思想、充满人情味的大家庭，在这样的氛围下，潜藏在内心深处的主人翁责任感与拼搏开创的精神便会无止境地迸发而出！

在一家中型计算机企业中，一位雇员将自己拟好的一份销售计划，在上班时塞在了经理办公室的门把手上。不久后，他就被经理邀去说明情况。

进门后，经理开门见山地说道："计划写得不错，就是字体太潦草了。"听到这句话，这位下属紧张的心瞬间就放松了下来。两人开始了更为深入的交流，员工问道："这项计划是不是预算开支较大啊？要不我再与两个同事商量一下，修改修改，再向您汇报一下。"

经理不等他说完便打断了他："费用对于我们企业来说不是问题，我看计划确实不错，你要是有信心把它干好，投入全部精力去干吧，别错过这个好时机！"

下属信心十足地拿起计划离开了。两个月后，这位雇员将销售业绩摆在了经理的桌上，同时又陈述了下一步扩大营销的策略。

王牌五
收揽人才——团结协作，建立高效智能团队

这位经理事后说道："如果当时我们再去审核、考证，那不但贻误战机，而且肯定使下属产生心理上的负担，要知道，牵扯这么大数目的费用，他再有胆量，也还是要犹豫的，看看，现在不是干成了吗？给他们留出充分的发挥空间，对我与组织都没坏处！

这个年轻人仅仅是进行了一次尝试，他把自己的计划放在了总经理门把上，没想到因此却获得了一个展示自己的机会。作为领导者，并没有指出他的缺点，而是给予了更多鼓励，最终年轻人通过自己的努力，为单位带来了效益，同时也为自己的事业发展创造了空间。作为企业的管理者，不要以拒绝的态度去面对每个人所提出的意见，要能以家人的态度去看待他们的意见，包容他们的不足，当他们获得更多鼓励，并能创造成绩之后，必然也会对这个"大家庭"的繁荣提供出更多贡献。

在现实中，我们遇到更多的情况是，年轻人不敢提出自己的意见。即使有好的点子，但是怕提出来后被认为是对领导的冒犯，最后宁愿集体受到损失，也不愿将自己的意见表达出来。作为企业的管理者，更多考虑的是自己的权威，将自己的下属看作自己命令的执行者，缺乏必要的信任，更不能发挥出团队的力量，最后整个企业只能维持在一个较低的生产效率上。

中国传统文化中有着很强的集体意识，其实每个人都希望自己能有机地融入团队之中，并为这个集体贡献出自己的一份力量。作为一个企业管理者，一定要利用好这方面的优势，为企业发展获取最多的力量。

日本也同样是非常注重团队文化的一个国家，这里有一个管理案例，就能体现出他们将温暖大家庭的理念用在了年轻人的能力开发上，并收到了非常好的成效。

日本神户制钢所为了提高本企业研究部门新进年轻下属的开发能力，推行一种被称为"兄弟制度"的互助共学方式。所谓的"兄弟制度"，其实就是每位新进的"家庭"成员，都必须与一位在神户制钢所工作达五年以上的资深研究成员结成对子，拜为兄弟，在共同的"家庭"生活中，兄长负责新进下属的培养教育工作，而作为弟弟的下属必须在谦虚求学的基础上，为"大家庭"的发展献计献策。

通过"兄弟制度"的实行，年轻员工有了更多的安全感，面对一个陌生的工作环境，他们从自己的"兄长"那里，获得了学习的途径，同时，也获得更多鼓励，去对生产经营活动提出自己的见解。作为企业组织，也能很好吸收年轻人身上所具有的活跃力量，让他们的想法为企业发展提供更多思路，让他们的活力为企业文化带来更多新鲜血液。通过这种朝夕共处、相互切磋的组织生活方式，新老下属之间培养了犹如兄弟般的情谊，而整个企业也变成了一个充满人情味的工作场所。

在组织管理的过程中，遇到的最大难题并不在于外在环境，而在于内部的氛围。如果每个人在组织中都切实有自己的一方天地，都能自主地管理相关的业务，在和谐的空气中无阻碍地交流信息，那你这个家庭就是稳定的，主人翁精神便会成为每个实现自我价值的人的最终追求！

授权——企业领导的必修课

一个人再能干，他的精力也是有限度的；一个人的能力再大，也有难以企及的地方。因此，作为一家企业的领导者，你应该懂得如何把你手中的权力下放，把一些事交给手下去干。可以说，这是你作为企业领导必修的一门功课。如果你不会，也就称不上是一个合格的领导。

有位著名的企业家曾说过："创业之初，我带大家向前冲；事业发展到一定阶段，我站在大家中间和他们一起前行；而今日，我在大家后面看着他们冲，我只指方向。"一个人再能干，他的精力也是有限度的；一个人的能力再大，也有难以企及的地方。如果你是一个个体经营者，那么你可以做到事事躬亲，如果你是一家小公司的老板，手下有十来个员工，你也有可能做到随时监督每个人的工作。但是，如果你手下有一百个人呢？有一千个人呢？你还能每件事都亲自解决吗？这显然不可能。因此，作为一家企业的领导者，你应该懂得如何把手中的权力下放，把一些事交给手下去干。可以说，这是你作为企业领导必修的一门功课，如果你不会，也就称不上是一个合格的领导。

汉高祖刘邦出身寒微，可就是这样一个人，却灭亡了盛极一时的大秦，击败了西楚霸王项羽。

事实上，刘邦最大的优点就是他非常善于借用团队的智慧。他曾说过这样一段非常有名的话："夫运筹帷幄之中，决胜千里之外，吾不如子房（张良）；镇国家，抚百姓，给饷馈，不绝粮道，吾不如萧何；连百万之众，战必胜，攻必取，吾不如韩信。三者皆人杰，吾能用之，此吾所以取天下者也。项羽有一范增而不能用，此所以为吾擒也。"

刘邦作为汉王，他可以将后勤全权委托给管理型人才萧何，可以对智囊性人才张良的出谋划策言听计从，可以将几十万大军的指挥权交给只见过几次面的卓越军事统帅韩信。这就是刘邦的聪明之处：他不仅知道自己不行，还知道什么人行。反观跟刘邦争夺天下的项羽，他本身具有超强的个人能力，武艺超群天下无敌，但韩信、陈平这样的人才在他帐下都得不到重用，最后反而去投靠了刘邦，唯一对他忠心耿耿的范增最后也让他的刚愎自用给气死了。刘邦懂得授权之道，项羽事事都靠自己，从来信不过别人，这就是项羽败给刘邦最根本的原因。

有些企业领导知道自己管不过来，于是勉勉强强把权利分给了下属。但在授权的同时，却出于对下属能力与忠诚度的担心，仍时刻关注，对下属的工作指指点点，唯恐公司事务偏离自己希

王牌五
收揽人才——团结协作，建立高效智能团队

望的轨道。结果呢？不但自己身上的压力丝毫没有减轻，反而弄得属下们怨声载道。要知道，大商人以信取人，这种做"甩手掌柜"，把责权慷慨地授予下属的行为看似冒险，其实却是一种最好的借力之法。既能解放自己，把精力更多地投入到对于企业发展大方向的把握上，又能让公司中的琐碎事务得到高效而快速地解决，可谓一举两得。

奥尼尔是美国一家汽车公司的销售总监。对于工作，奥尼尔十分勤奋，在销售部，他每天都是第一个来，最后一个走。因为这家公司的销售网覆盖全美，美国每一个角落的销售工作都是他的职权范围，因此他总感觉自己有处理不完的事务。时间一长，奥尼尔把自己弄得身心俱疲，但销售业绩却始终得不到提高。

对于这样的现实，奥尼尔很沮丧。他明明已经拼尽全力了，但老天就是不肯给他应有的回报。他很清楚，这种情形如果再持续下去，公司会毫不客气地让自己卷铺盖走人。

无奈之下，奥尼尔开始反思自己的管理理念。在经过一番思考后，他开始试着把要做的所有工作按重要性、难易程度排序，把各项工作分派给适合的下属去完成，自己只负责三件事：一是布置工作，告诉下属该如何去做；二是协助下属，当下属遇到自己权力之外的困难时，出面帮助下属解决困难；三是工作的验收，并视下属完成工作的状况给予激励或惩罚。

在尝试了一段这种"不负责任"的工作方式之后，奥尼尔惊奇地发现，自己有一种获得了"解放"的感觉。下属开始表现出

极强的主动工作劲头，公司业绩明显攀升，而自己更是从大量事务性工作中解脱出来，可以把全部精力都投入到制定新的销售计划和销售策略当中去了。他描述自己就像一个自动化工厂的工程师，把生产和装配的权利都下放给了机器和工人们，而自己每天只是在优雅的环境里走动，视察自行高效运转的流水线，并且为流水线排除故障就可以了。

尝到甜头的奥尼尔再也不觉得自己身心疲惫了，他甚至把很多细枝末节的事物的决定权下放给了自己那位能干的秘书。他现在甚至每天能抽出四五十分钟与小女儿一块儿看动画，每周陪妻子逛一个下午的商场了。可奥尼尔越是这样，销售部的工作效率就越高，销售业绩也节节攀升，奥尼尔这下可算是彻底知道下放权力的好处了。难怪奥尼尔意味深长地说："充分地授权给下属，让我更多地享受到了亲情和生活的乐趣。"

奥尼尔在学会授权的前后情况的对照，正说明了授权对于企业领导的意义。权力这种东西，一旦被人拿到手中之后，再想从这个人的手里给拿出来，那是很困难的。因为人天生就有一种对于权力的占有欲。但是对于企业领导来说，过多的权却反而是一种负担，让你陷在各种各样烦琐的事务中不能自拔。

王牌六
危机意识
——防微杜渐，时刻保持忧患意识

在商场上，实力比你强的企业多如牛毛，你又怎敢保证自己会在商战当中无往而不利呢？要知道，你可能早晚会有居于劣势，陷入困境的那一天。因此，就算是未雨绸缪，你也非常有必要提前培养自己的忧患意识，学习一下企业的危机管理之道。握紧了这张王牌，你的企业就会在稳健中愈加成功。

赌徒心态是生意场上的大忌

盲目进攻、孤注一掷的赌徒心态绝不是一个成熟的企业家所应有的,这样的心态早晚会让你尝到失败是什么滋味。

《孙子兵法》有云:"胜兵先胜而后求战,败兵先战而后求胜"。

"先战而后求胜"其实说的就是这种赌徒心态,这种心态在商业领域也是十分危险的。因为商业竞争从根本上来讲,拼得还是企业的综合实力。盲目进攻、孤注一掷的赌徒心态绝不是一个成熟的企业家所应有的,这样的心态早晚会让你尝到失败是什么滋味。

20世纪70年代末至80年代初,日本爆发了一场被称为"近代日本工业领域最残酷的一次竞争"的商战,交战的双方是在世界摩托车界雄踞榜首的本田公司和排名第二的日本雅马哈公司。

当时,本田公司在摩托车领域的领先地位十分稳固,尤其是在日本本土,他们的市场占有率竟然高达85%。但是,本田公司自己也知道,他们几乎已经垄断了摩托车市场,再想在这块市场上获取更大的利润已经很难了。因此,本田公司的经营重点正在

王牌六
危机意识——防微杜渐，时刻保持忧患意识

逐渐转变，汽车工业所占的比重在本田公司内部越来越大。为了在汽车市场中站住脚，将公司最好的设备和技术力量投入其中，甚至不惜调用生产摩托车的技术力量。到1975年，本田公司在汽车市场上的收入最终超过了摩托车市场的收入。

就在本田把精力都集中在汽车工业上的时候，摩托车产业的"二当家"雅马哈公司向本田公司发动了突然进攻。为了打垮本田公司，雅马哈开始不惜一切代价积极拓展摩托车市场。在雅马哈的猛烈攻势下，本田公司节节败退。1970年本田的销售额以3：1领先于雅马哈。到1979年双方的销售额已经非常接近，变为了1.4：1。1981年8月，雅马哈公司总经理日朝智子宣称：很快将建一座年产量100万台机车的新工厂；这个工厂建成后，将可以使雅马哈每年的总产量提高到400万台，并以20万台的优势凌驾于本田之上，到那时，本田公司在摩托车市场上一直以来的优势也将不复存在。在1982年1月的一次会议上，雅马哈公司董事长小池不无得意地表示："雅马哈公司很快就可以超过本田。身为一家专业的摩托车厂商，我们不能永远屈居第二。"

雅马哈的勇气固然可嘉，但本田公司多年以来所积攒下的家底却远非雅马哈公司可比，甚至超乎了他们的想象。而且，虽然被雅马哈偷袭得手，本田还有他们正在冉冉上升的汽车产业做后盾，而雅马哈要是输了，作为一家"专业"的摩托车制造商，他们将变得一无所有。因此，1982年元月，当雅马哈公司所发出的挑衅言论传到本田决策者的耳朵里时，他们迅速作出决策：在雅马哈新厂未建成时，以迅雷不及掩耳之势给予反击，打掉对手的

189

嚣张气焰。这场商战大戏的高潮终于上演。

很快,各大销售商宣布,本田摩托大幅降价,部分车型的降价幅度甚至超过了1/3。本田公司率先挑起了价格大战,如果雅马哈不降价,那么他们的新厂哪怕年产2000万台,最终也都只是库存而已。这下,雅马哈傻眼了,他们把大笔资金投入了新厂的建设当中,在这种情况下他们根本没有资本跟本田打大规模的价格战,而如果从新厂抽调资金,那么新厂就只能停建,成为全日本的一大笑柄。结果在价格战中,雅马哈公司左右为难,很快败下阵来。仅仅一年之后,雅马哈的市场占有率从原来的37%急剧下降为23%,营业额比上一年锐减了50%以上。而到了1983年初,雅马哈公司的库存竟然占到了日本摩托车行业库存总量的一半。在这种情况下,雅马哈只有举债为生。1982年底,雅马哈公司的债务总额已达2200亿日元。银行家们看到雅马哈前景不妙,纷纷停止贷款。雅马哈公司缺乏资金,产品无法降价出售,库存也就只能越积越多,最终形成了恶性循环。

再这样下去,雅马哈公司就完了。因此,走投无路的雅马哈公司为了避免破产,终于在1983年6月向本田举起了白旗。1983年6月,雅马哈公司董事长川上源一与总经理日朝智子一起去拜见本田公司的总经理川岛清,就雅马哈的不慎言辞向本田公司道歉。接着,川上源一又在记者招待会上重申对本田公司的歉意,总经理日朝智子也在三天以后黯然辞职。至此,历时18个月的摩托车战役以雅马哈公司的全面失败而宣告结束。

王牌六
危机意识——防微杜渐，时刻保持忧患意识

雅马哈发动商战是典型的赌徒心理，希望借着本田公司专注于汽车产业的时候趁火打劫。结果虽然在初期占据了一些优势，取得了一些战果，但当实力雄厚的本田缓过手来之后，雅马哈就完全不是本田的对手了。

仅仅 18 个月的时间，雅马哈就彻底败下阵来。心存侥幸、盲目出击；虽先声夺人，却大败而归。事实上，所有抱有赌徒心理的人的命运，也都是相似的。

高瞻远瞩，把危机扼杀在萌芽之中

把危机扼杀在襁褓当中，保证企业能够在相对安全的环境当中进行稳定高速地发展。危机管理是企业有序运行的有力保障，也因此而深受重视。如果没有危机管理，等到企业出了危机之后才想起了危机管理，那就只能是消极被动地给危机造成的危害进行补救了。

记得有这样一个笑话：一天，暴雨忽然来袭，路上很多行人都措手不及。那些没有带雨具的人全都快步地向家的方向奔去，只有一个人既没打伞也没穿雨衣，在雨中在慢慢地走。有人就问他："你怎么不赶快往家跑呢？"他回答说："前面不是也有雨吗？"

在笑话这个喜欢"雨中漫步"的人的同时，我们难道不应该扪心自问：我们自己在经营企业的时候是不是也像这位"前面不是也有雨吗"的人一样消极和被动？试想，当危机到来时抱着"听天由命"的态度，心里想着"危机反正要发生，那就让它发生吧"，如此经营，企业又怎么可能做到防微杜渐，虽然经历危机，却能安然无恙呢？

事实上，危机管理已经是现代企业管理当中一个重要的分支了。危机管理是企业为应对各种危机情境所进行的规划决策、动态调整、化解处理及员工培训等活动过程，其目的在于消除或降低危机所带来的威胁和损失。懂得危机管理的企业负责人对外界哪怕是一点儿"风吹草动"都应保持充分的敏感，时刻对危机进行科学的监测、诊断、识别与评价，迅速拿出有力措施应对危机，尽心尽力使负面影响降到最低。把危机扼杀在襁褓当中，保证企业能够在相对安全的环境当中进行稳定高速地发展。危机管理是企业有序运行的有力保障，也因此而深受重视。如果没有危机管理，等到企业出了危机之后才想起了危机管理，那就只能是消极被动地给危机造成的危害进行补救了。

开饭馆的人，总担心消费者说自己的菜难吃。然而，有这样一个小店，却拥有一个"怪难吃"的名字。并且，这家店的生意也非常火，这是为什么呢？

"怪难吃"餐馆的老板，是一个名叫朱伟明的下岗工人。刚下

王牌六
危机意识——防微杜渐，时刻保持忧患意识

岗时，凭借小时候祖父教他做的一种名为鸡柳的小吃，开设了一家"好美味"小吃店。

有一次，一位顾客刚刚将鸡柳吃到口中，就开口大骂道："这算什么好美味呢，纯粹是'怪难吃'。"

顾客的批评，让朱伟明一愣。原来，那天他不小心放错了调料，使鸡柳的味道变得很糟糕。朱伟明见状，急忙向顾客赔不是，但客人却咄咄相逼："好美味是假，怪难吃才是真！你的鸡柳做得这么难吃，还好意思要钱吗？"这使得一些同行幸灾乐祸地大喊："好美味就是怪难吃呀！"

更令人难堪的是，第二天，有人竟用毛笔在他的店门旁写下了"怪难吃"3个大字。要是换了一般人，遇见这样的情况肯定早就气疯了，但是朱伟明灵机一动，心想："莫不如干脆顺水推舟，将店名改成'怪难吃'算了，这样一来，那些希望自己倒霉的同行们肯定没话说了。更何况，现在的人喜欢猎奇，这'怪难吃'的店名说不定反而可以为自己招揽顾客呢！"

不出朱伟明所料，自从店名改成"怪难吃"之后，顾客竟然一天天多了起来。他跟那些顾客一问，原来那些顾客真的是冲着这个奇怪的店名来的，因为他们都想知道"怪难吃"到底是何种滋味，到底难不难吃。吃过之后，顾客们都对朱伟明的鸡柳大加赞赏，"怪难吃"小吃店也渐渐有了名气，每天的中午和晚上，店门口都会排起长长的队伍，朱伟明自己当然也是赚得盆满钵满。

看看朱伟明，将店名随手一改，不仅将一次重大危机消弭于

193

无形，更兼"因祸得福"，让自己的小吃店借此火了起来。想来，"好美味"身上所发生的事在其他小店甚至大企业中也同样发生过无数次，但能像朱伟明这样快速地将危机扼杀在襁褓之中的却并不多。

这种成长的危机在不同的行业、不同的地区、不同的企业、不同的年代轮番上演，虽然表现形式不同，但共性是如此惊人的相似。有些公司，尽管昔日的行为无可挑剔，甚至所获得的利润让整个业界都垂涎三尺，但也很有可能由于"居安不思危"而败于一时的失误，经不起对手的竞争。想想当年拥有T型车的福特，想想当年拥有超级蓝光刀片的吉列，你就会彻底明白危机管理究竟有多么重要。

认清自己的实力，别逞强

当目前的实力决定了你还只是一只羊时，你就千万不要梦想自己一夜之间能成为狼、成为狮。不能成为全球500强，成为中国500强或者行业500强也不错。不能成为中国第一，成为全市第一或者行业第一也是好事！企业的成长总是循序渐进的，那些突如其来的财富来得快去得也快，而且它们再去的时候还会把你原有的也都一并带走。

王牌六
危机意识——防微杜渐，时刻保持忧患意识

如果说你现在还是一只羊，实力弱小，还在食物链的底端，那么，你难道不想让自己的企业由羊变成狼，由狼变成狮子，由被吃变成捕食吗？说实话，每个人都想。但是，当目前的实力决定了你还只是一只羊时，你就千万不要梦想自己一夜之间能成为狼、成为狮。不能成为全球500强，成为中国500强或者行业500强也不错。不能成为中国第一，成为全市第一或者行业第一也是好事！企业的成长总是循序渐进的，那些突如其来的财富来得快去得也快，而且它们再去的时候还会把你原有的也都一并带走。

不能正确地评估自己的实力，一味逞强，贪功冒进，最后也只有一赔到底的结果。你就应该明白，自己千万不能逞强，尤其不要为了面子而逞强。

下面这则故事会告诉你认清自己有多么重要。

有两只老虎，一只被关在笼子里，三餐无忧；一只在野外，自由自在，这两只老虎都非常羡慕对方。笼子里的老虎渴望像野外的老虎那样自由，想去哪就去哪，笑傲山林；野外的老虎却渴望像笼子里的老虎那样过上安逸的生活，再也不需要自己觅食。

有一天，两只老虎达成了协议，他们决定互换各自的生活。于是，笼子里的老虎返回了大自然，野外的老虎走进了笼子。从笼子里走出来的老虎高高兴兴，在旷野里拼命地奔跑，舒活早已在笼子里蹲得酸痛的筋骨；走进笼子里的老虎也十分快乐，它不再为食物而发愁，享受从离开母亲之后就再也没体会过的安逸。

但不久之后，这两个过上了自己梦寐以求的生活的老虎都死

去了。原因是从笼子中走出的老虎获得了自由，却没有同时获得捕食的本领，别说那些体型庞大的动物，就连只兔子都难以捕到，最后被活活饿死了；走进笼子的老虎得到了安逸，但却因再也不能在旷野中尽情地奔驰，最终忧郁而死。

作为一个企业的领导者，你认清自己的实力了吗？如果说企业界就是一个特殊的生态圈，那么你在其中是老虎还是山羊？事实上，每一个人或每一个企业在我们身处的大环境当中都有其独特的生态位。受生态位的影响，人与人之间、企业与企业之间暂时可能会存在难以逾越的巨大差异。这种差异把人与企业依据能力大小和实力强弱排列在生存链上，就好比自然界里的等级序列一样。你一旦离开了自己的生态位，就像笼子里的老虎去了野外，野外的老虎被关进了笼子，原有的优势就会丧失殆尽。

认清自我实力，是羊就甘心当羊。比如，温州、宁波等地有很多规模不大的中小企业，他们的经营思维就是："既然是小船，就不要到大海中去同大船争着捕小鱼，而要在小河里捕大鱼。"把自己放在弱者的位置上永远比当强者更省力。与其在一个很大的市场占有很小的份额、赚取较少的利润，远不如在一个较小的市场占有很大的市场份额、赚取较高的利润来得省力，来得划算。

王牌六
危机意识——防微杜渐，时刻保持忧患意识

没有退路不等于必死无疑

置之死地而后生，置之绝地而后存。企业的发展绝不可能一帆风顺，只有时刻提高危机意识，并且在危机来临的时候永不放弃，挣扎求存，企业才有可能披荆斩棘，渡过难关，迎接光明的未来。

市场竞争的波诡云谲甚至比之战场还有过之而无不及，对于混迹其中的企业来说，很有可能一招不慎便自蹈死地。如果在这个时候企业还不能够破釜沉舟拼死一搏，力争挽救自己命运的话，那么这家企业可就真的没救了。

1992年，卖软件出身的史玉柱成了千万富翁，也正是在那个时候，史玉柱有了开公司的想法。出于对IBM这个"蓝色巨人"的推崇，史玉柱将自己的企业命名为"巨人"。就这样，巨人高科技集团成立，注册资金1.19亿元。同年，巨人集团的总部从深圳迁往珠海，同时，18层的巨人大厦设计方案出台。但到后来，这个方案从18层升至70层，预算超过10个亿。史玉柱以集资和卖楼花的方式，筹集了1亿元的首笔资金。

接下来，史玉柱相继推出"M—6405"、中文笔记本计算机、中文手写计算机等多种产品，其中仅中文手写计算机和软件的当年销售额即达到3.6亿元。再加上巨人大厦的动工，史玉柱成为了中国十大改革风云人物。

成功来得太过容易，史玉柱有点被胜利冲昏了头脑。他开始筹集资金，想要建设一栋中国最高的摩天大楼，他把这座计划要建70层的大楼的名字都想好了，就叫"巨人大厦"。

然而好景不长，1996年，巨人大厦资金告急，史玉柱拆东墙补西墙，结果巨人集团"失血过多"，迅速衰落。而巨人大厦也只盖到第三层就被迫停工了。

实际上，到此，史玉柱已经失败了，他手头不仅已经没有了任何的流动资金，而且还欠了一屁股的债。但是他还不甘心就此接受失败，重新冷静下来的他心里很清楚，胜败乃兵家常事，自己能创业第一次，就同样能创业第二次。更何况，自己手里还有两个项目呢！这两个项目一个是其赖以成家的软件，一个就是后来大名鼎鼎的脑白金。

史玉柱心里很明白，自己这是背水一战，这一战既有可能是自己的最后一战，也有可能是自己咸鱼翻身、东山再起的一战。当时，在这两个产品中，史玉柱只有能力经营其一。经过反复权衡，史玉柱最后选择了脑白金项目。毕竟，软件市场相对有限，而脑白金则不同，当时保健品产业刚起步，没有像样的竞争者，更没有让人头疼的产品同质化和价格战。最关键的是，脑白金的利润颇丰，成本价占售价的30%，销售费用占20%，剩下白花花的银子，就全是利润了。

王牌六
危机意识——防微杜渐，时刻保持忧患意识

山穷水尽的史玉柱找朋友借了 50 万元，开始运作脑白金。资金紧张，史玉柱不像以往那样铺天盖地地搞宣传，而是玩起了免费体验。在几经考察后，史玉柱把大本营安在了江阴。

江阴地处苏南，是中国最富庶的地区之一，购买力强且离上海、南京都很近。但江阴毕竟是小地方，在这里投入广告节省成本。

对借债举事的史玉柱而言，这可以说是最后的机会了，必须一击即中。启动江阴市场之前，史玉柱先来了一番市场调查，以此来了解当地人的需求和消费特点。在调查中，史玉柱了解到，当地的保健品大多是作为节日的礼品赠送。史玉柱觉得这里面有名堂，在反复思量之后，终于推出了"今年过节不收礼，收礼只收脑白金"的广告。

此后，史玉柱带着脑白金转战无锡、南京、常熟、常州以及东北的吉林，就这样，各个城市的市场逐个被打开。到1998 年底，史玉柱的脑白金占据了很大的市场，月销售额突破千万。到了 2000 年，脑白金创下 13 亿元的销售业绩，居业内之首。史玉柱麾下员工数千人，销售网络遍及全国，规模甚至超过了鼎盛时期的巨人集团。

企业走到了绝路，无非是两种结局，一种是无法挽救，从此在商海中消失；另一种就是凤凰涅槃，"置之死地而后生"，通过自身的努力，从失败的阴影中走出来，去争取新的辉煌。对于史玉柱来说，他并不是那种甘心承受失败的人。因此，他就算借钱，

就算是下半辈子去捡破烂，也一定要打这最后一仗。结果，史玉柱真的赢了，史氏巨人被击倒之后重新爬了起来，而且变得更强。

置之死地而后生，置之绝地而后存。企业的发展绝不可能一帆风顺，只有时刻提高危机意识，并且在危机来临的时候永不放弃，挣扎求存，企业才有可能披荆斩棘，渡过难关，迎接光明的未来。

危机，同样也是你发展的契机

危险与机遇并存，这不仅仅是商业市场的特点，更是整个世界的不变法则。这个世界本身就是辩证的，有明就有与明相对的暗，有福就有与福相对的祸，有契机当然也就有与契机相对的危机。当然，辩证法也不只给了我们这些，它还给了我们化危机为契机的可能性。只要应对得当，就可以让危机所造成的破坏降到最低，甚至有可能让坏事变好事。

人的一生有顺境逆境，企业也同样有高速发展和陷入危机的时候。俗话说，祸兮，福之所倚；福兮，祸之所伏。这个世界上的福和祸是可以互相转化的，发展得过快，同样有可能把公司给拖垮；陷入危机的时候只要处理得当，同样可以把危机转化为赚

王牌六
危机意识——防微杜渐，时刻保持忧患意识

钱的契机。因为"危机"这个词本身就是由"危"和"机"两个字组成的，"危"是危险，"机"是机遇，危险中也同样可以包含着发展的契机。

美国记者基泰丝工作繁忙，经常在世界各地飞来飞去，有时会买些特别的小礼品带给家人。这次，她来到了日本东京的奥达克余百货公司，于是准备买一台索尼牌的唱机作为见面礼，送给住在东京的婆婆。

售货员很热情，在得知了基泰丝买唱机的用途后，亲自为她挑了一台尚未启封的机子。基泰丝本来很满意这件完美的礼物，谁知当她回到住所开机试用时，却发现该唱机根本无法使用。原来，唱机没有装内件，只是一个空壳。火冒三丈的基泰丝计划第二天一早就去奥达克余百货公司交涉，并迅速写好了一篇新闻稿，题目是《笑脸背后的真面目》。

第二天清晨，基泰丝正准备出门，突然，她收到奥达克余百货公司打来的道歉电话，并询问她的住所地址。没过半个小时，奥达克余百货公司的副经理就带着职员来到了基泰丝的住所。那位职员的手里，还拎着一个大皮箱。

简单介绍后，奥达克余百货公司的副经理诚恳地做出了道歉，并向基泰丝鞠躬。看到对方诚恳的态度，基泰丝一下子不知道说什么好了。更令她意外的是，这些职员除了送来一台新的合格的唱机外，又加送蛋糕一盒、毛巾一套和著名唱片一张。

基泰丝原以为，这件事就这么结束了，自己也接受了对方的

道歉，可是，令人更吃惊的是，副经理打开纪事簿，宣读了公司通宵达旦地纠正这一失误的全部经过："昨天下午 4 点 30 分清点商品时，售货员发现错将一个空心货样卖给了顾客。此事非同小可，她立即报告经理，经理派公司警卫迅速寻找，并马上召集有关人员商议。当时只有两条线索可寻，即您的名字和您留下的一张美国快递公司的名片。为了联系到您，我打了 20 多次紧急电话，不过东京各大宾馆都没有确切的消息。后来，我又打电话到美国快递公司总部，得到了您父母的电话。从您父母哪里，我们终于弄清了您在东京期间的电话。这期间拨打电话的次数，合计 35 次。"

听完这些，基泰丝深受感动。她撕掉了昨晚写的《笑脸背后的真面目》，立即重写了一篇题为《35 次紧急电话》的新闻稿。这篇新闻稿见报后，奥达克余百货公司声名大振，无论是日本人还是外国游客，在日本购物时都会首选奥达克余百货公司。就这样，在一年多的时间里，奥达克余百货公司的总资产翻了一番。

奥达克余百货公司出现了失误，造成了危机。然而，正是因为他们的处置得当，奥达克余百货公司不仅没有就此没落，反而借着基泰丝的报道，让生意变得更加红火。

危险与机遇并存，这不仅仅是商业市场的特点，更是整个世界的不变法则。这个世界本身就是辩证的，有明就有与明相对的暗，有福就有与福相对的祸，有契机当然也就有与契机相对的危机。当然，辩证法也不只给了我们这些，它还给了我们化危机为

王牌六
危机意识——防微杜渐，时刻保持忧患意识

契机的可能性。只要应对得当，就可以让危机所造成的破坏降到最低，甚至有可能让坏事变好事。

另一方面，在任何危机未发生前，我们都必须事先做好心理准备。企业由盈至亏正如经济危机不断循环一样，属同一定律下发生的事。我们必须要及早建立危机意识，在危机萌发的最初阶段就要未雨绸缪，及早注视并解决，如果能做到这一点，危机也同样可以变成促进企业发展的商机。

保持忧患意识，才能永远向前

忧患意识所说的就是对企业发展长远和全面的考虑，在取得成绩的时候，要能保持低调，要去思考自身还有哪些不足和需要改进的方面，在陷入困境时，又要不放弃自己的信念，要尽可能去寻找未来发展的机会。有了这种全面的考虑视角，必然可以最大程度地规避风险，并使企业获得最有利发展。

英国前首相阿斯奎斯曾经说过："如果能由乐观的人打前锋，由悲观的人最终殿后，那这样的情形是再理想不过的事情。"这里所说的悲观就是忧患意识。

忧患意识所说的就是对企业发展长远和全面的考虑，在取得成绩的时候，要能保持低调，要去思考自身还有哪些不足和需要改进的方面，在陷入困境时，又要不放弃自己的信念，要尽可能去寻找未来发展的机会。有了这种全面的考虑视角，必然可以最大程度规避风险，并使企业获得最有利发展。

1980年，朱张金初中毕业，开始贩卖领带、袜子，做一些小买卖。到了1988年，朱张金拿出自己的2.5万元积蓄并借了19.5万元，让村里出面买下了一家制革厂。村里害怕承担责任，声明"所有亏损与村里无关，所有盈利归朱张金所有"。

对于高价买壳经营，很多人不看好，但十多年后，这家企业却越做越好，成为中国皮革行业中响当当的龙头企业。对于所有这一切，朱张金认为他靠的不是运气，而是他敏锐的洞察力。

1995年下半年，朱张金在莫斯科成立了一家公司，当地出现了抢购卡森皮衣的风潮，卡森在海宁成立了检控中心，统一提供羊皮、款式、辅料，让海宁60个皮衣加工厂为它定牌加工，这一年卡森净赚1800万元。

当海宁老乡也纷纷北上抢夺俄罗斯羊皮衣市场时，他却转身做起猪皮生意。1994年，国内皮革行业经历低谷，小公司倒闭，卡森凭借反其道而行的猪皮策略，独辟蹊径，在行业不景气、出现众多倒闭的情况下，卡森当年盈利750多万元。

1997年4月，朱张金到香港参展，他又发现到一个情况，展会上中国、韩国、斯洛文尼亚公司展出的大多是猪皮制品，而美、英、德等发达国家公司展出的却是牛皮制品，这又给他的经营提

王牌六
危机意识——防微杜渐，时刻保持忧患意识

了一个醒。从香港回来之后，朱张金宣布：停止猪皮生产线，上牛皮生产线。

朱张金认准了牛皮市场，就不给自己留任何退路，当时有家公司要下100万平方英尺的猪皮订单，这个单子意味着100万元的利润，但朱张金依然没有接，因此许多人都说朱张金疯了。

而如今，卡森的牛皮沙发等家具已畅销美国，2003年2月，经美国最大家具经销商推荐，卡森牛皮革沙发顺利进入白宫。

"现在许多公司看我搞牛皮革赚了钱，又要开始跟风，而我已在一年前开始考虑上别的项目了。"面对竞争，朱张金显得信心十足。

如果仅仅将自己的步伐停留在任何一个成功之中的话，那他就不会有后来的发展，那他也就不能取得更为巨大的成功。每次面对成功时，正是依靠他的忧患意识，促使他不断去探寻更多发展空间。当大家对高价买壳经营不看好的时候，他这样做了，当大家都在抢占俄罗斯羊皮市场时，他又将自己的中心转向其他行业。正是凭借自己对未来经营的考虑，才使他能够一步步走向自己事业的成功。

如果缺乏忧患意识，喜悦的时候，可能会失去守候，在悲伤的时候，又会放弃掉一些可能的机会，公司经营必然会受到严重影响。当最终面对最后的结果的时候，才发现因为自己缺乏必要的准备，为此承受了不必要的损失，在此时，才明白一份忧患意识是如此重要。

忧患意识不仅是对企业经营的全面考虑，同时还是激励员工的一种重要手段。随着全球经济竞争日趋激烈，世界著名大企业纷纷推行"危机式"生产管理，掀起了一股"末日管理"的浪潮。通过培养忧患意识，以此来激发员工最强的生产能力。

20世纪90年代，波音公司由于员工工作积极性不高，生产效率低下，产量大幅下降，企业走进了经营的低谷。

领导者意识到了这个问题，积极寻求改善方法，最终公司的领导者们想出了一个非常奇妙的"以毒攻毒"策略。

他们自己摄制了一部虚拟波音公司倒闭的电视新闻片，自曝惨状。在一个天色灰暗的日子里，众多工人们垂头丧气拖着沉重脚步，从波音公司大门鱼贯而出，最终不得不离开自己工作多年的飞机制造厂。在厂房上面挂着一块写着"厂房出售"的牌子。同时，扩音器不断传来一个声音："今天是波音时代的终结，历史悠久的波音公司关闭了最后一个车间，卖掉所有专利，也辞退所有员工，宣布了企业的倒闭。"

这是波音公司总部对所有员工提出的告诫：如果公司不能进行彻底变革，如果每一个员工没有忧患意识，如果不能改变工作状态，提高效率，那公司的末日就会来到，最终对谁都不会有利。

真可谓"假作真时真亦假，真做假时假亦真"。这一计谋实施后，没想到起到了空前的影响。波音公司很快就从改革中"尝到了甜头"，员工们由于充满危机感而努力工作，尽量节约公司每一分钱，充分利用每一分钟，波音公司的生产效率因此获得一次飞

王牌六
危机意识——防微杜渐，时刻保持忧患意识

跃性的提升。仅1992年这一年，波音公司就削减库存费用达1亿美元，经营成本也降低了20%—30%。

这本是一个并不存在的危机，但却被虚拟制造出来了，被管理者有效利用，起到了很好的激励员工的效果。当公司破产的画面出现在员工面前时，他们认识到一旦公司破产，他们的生活也就没有依靠。为了避免这种情况的发生，自己必须要努力工作，尽量减少开支，尽量去拓展公司的业务，这些恰恰是企业的管理者最希望看到的结果。

忧患意识是企业管理者必须具备的一种能力，他需要对企业经营有更全面和长远的考虑，这样才能使自身的决策最有效。忧患意识也同样是每个员工所必须具备的，缺乏忧患意识，生产过程中难免消极怠慢，最终对企业经营，形成不利影响。

作为一个企业员工的主心骨，作为企业发展的掌舵人，要想带领公司在得失的激流中顺利航行，在面对危机的时候，就必须要舍弃掉自己的恐惧心理，舍弃掉狭隘的认识，以最稳重的性格对时局进行把控，同时要认识到忧患意识对员工的有效激励作用，把忧患意识全面地贯彻到管理决策当中，才能使企业经营产生出最高的效率。

把风险控制在手心里

越是巨大的冒险,越是需要加倍谨慎。风险与利益都是成正比的。企业管理者要时刻保持谨慎,要分清风险大小,并对自己行为进行合理规划,以确保冒险行动得到预期的效果。唯其如此,才能避免把企业带到错路与弯路上。

冒险精神,是每个企业管理者都必须具备的品质,但却不是他们成功的决定因素。换句话说,仅仅有冒险精神,对于企业管理者来说是远远不够的,必须使他们的冒险行为具有"内涵",才能使他拥有更大的概率赢取成功。

这里所说的"内涵",指的是当风险出现时,一个企业管理者对当前局势的全面考虑和准确判断。无论遭遇什么样的风险,只要自己做出充足的准备,那这样的风险都会具有意义和价值,一份风险的承受,必然会换得自己最想要的结果。

那些能够把风险完全控制在自己手掌中的人,他们不仅不会回避风险,甚至还会积极地去寻找风险,因为他们知道在承受住风险之后,必然存在一个非常重要的发展机会。

王牌六
危机意识——防微杜渐，时刻保持忧患意识

19世纪中期，美国西部悄然兴起淘金热潮，成千上万怀揣发财梦的人涌向那里寻找金矿。

其中有一个叫瓦浮基的十来岁的穷孩子，他非常穷，一路上他跟着大篷车，来到西部一个叫奥丝丁的地方。这儿有很多金矿，但气候十分干燥，水源奇缺。那些工人干一天活，却连口润润嘴唇的水都没有。抱怨的声音到处都是，有人甚至说愿意用一枚金币去换一口水喝，这给聪明的瓦浮基提了一个醒。

卖水给这些找金矿的人喝，也许会比找金子更容易赚钱。但要实施这个计划却要冒很大风险，因为他只是一个生活没有保障的孩子，并且要从事卖水工作，就要放弃挖金子的机会，但考虑之后，他最后还是决定去挖水井。

他买来铁锹，挖井打水，把水过滤，变成了清凉可口的饮用水，卖给那些嗜水如命的找金矿的人。他成功了，在短短的时间里，就赚到了一笔数目可观的钱。再后来，他经过不断努力和打拼，成了美国小有名气的企业家。

瓦浮基是一个敢于冒险的孩子，在别人没有这样做之前，他并不知道这会是一条成功的道路，因为毕竟因此会失了淘金挣钱的机会。而瓦浮基又是一个聪明的人，他对自己的冒险行为有充分的考虑，并且他相信自己的判断。任何一个企业管理者都可以把公司运营的风险掌控在自己手中，有勇无谋和有勇无谋，都不足以成就事业，只有智勇双全的人，才能获得最宝贵的成功。

冒险可能带来成功，冒险也可能带来失败，充分的准备与思考，就成为划分成功冒险与失败冒险的分水岭。欠缺思考的冒险，展现出的是一个人的鲁莽，他所获得的结果也往往是失败，有着充分准备的冒险，展现出的则是一个人的气魄与智慧。敢于冒险的人，是值得人们敬仰的，但对于冒险行为有更充分准备的人，他们更值得人们尊重和学习。

霍英东做生意有一个可贵品质，那就是不错过任何一个事业发展的机会。20世纪50年代，霍英东慧眼独具，看出了香港人多地少的特点，认准房地产业必定大有可为，于是毅然倾其多年积蓄，投资到房地产市场。当时的这种作为非常有风险，如果失败，便血本无归，但幸运的是，他赌对了。用他自己的话说，"从此翻开了人生崭新、决定性的一页"!

在以前的房地产业，都是先花钱购地建房，建成后再逐层出售，或按房收租。方法虽然稳妥踏实，但已严重阻碍了速度。霍英东反复思考后想到一个妙招，预先把楼宇分层出售，再用收上来的资金建筑楼宇，这一先一后的颠倒，使他得以用少量资金办成大事。原来只能兴建一幢楼房的资金，现在可以用来建筑几幢新楼。提高建房质量和速度，降低建造成本，使得他在行业竞争中具有更多优势。

这种以现代的眼光，看似稀松平常的方式，在当时看无疑是石破天惊般的创举，但却极大迎合了社会的需要。社会当中，人们都需要有自己的房子，都希望能拥有自己的住房，这样的销售

王牌六
危机意识——防微杜渐，时刻保持忧患意识

模式很好地迎合了这种需求。在短暂的时间里，就为霍英东赢得了崇高的威望，成了赫赫有名的楼宇住宅大王、资产逾亿万大富豪。现在，霍英东名下的有60余家公司，大部分都在经营房地产生意，他担任香港地产建筑商会会长，经营香港70%的建筑生意。

霍英东的奇思妙想和敢想敢做的冒险精神成就了他的大业，在别人还在质疑的时候，他毅然倾注全部身家到行业之中，在经营的过程中，开创了"先售后建"的先河，改变了房地产业原有的格局，并造就房地产业的一个标准。他以自己的胆识与智慧为自己开创出了最宏伟的事业。

对于事业的开拓，一个人必须要有足够的胆量，这样他才敢去追逐别人所不能想象的目标。但是对于这份冒险的尝试，必须要以足够的智慧与思考作为保障，这样才能保障一次冒险行为，所带来是最为有利的结果。如果准备不足，不能将商业风险掌控在自己手心中，那一次冒险策略的采取，最后换回的可能是最为不利的结果。

选择进军商业领域，不仅要靠实力打拼，更是一个概率的问题。面临重大挑战，勇气固然重要，但风险和收益之间的权衡和正确选择也十分重要。新生代的企业管理者往往有过人之处，但也往往会使得他们对于严峻的形势过于自信和自大，就像在悬崖上走钢丝，一不留神就会有跌入风险深渊的危险。作为企业管理者，一定要有将风险控制在自己手掌中的能力。

越是巨大的冒险，越是需要加倍谨慎。风险与利益都是成正比的。企业管理者要时刻保持谨慎，要分清风险大小，并对自己行为进行合理规划，以确保冒险行动得到预期的效果。唯其如此，才能避免把企业带到错路与弯路上。

王牌七
资源配置
——环环相扣，合理利用优化资源

　　象棋是这样一种游戏，对弈双方手中所掌握的资源数量是相等的，只有那些最善于把手头有限的资源进行优化配置，使其发挥出最强大的战斗力的棋手，才能够战胜自己的对手。实际上，经营企业也是一样，只有那些善于合理配置手中的资源的管理者，才可以让企业爆发出最大的能量，以最快的速度向前发展。

商战中，资金就是你的粮草

人需要吃饭来维持生命，而资金就是企业的粮食。资金是企业所有资源中最为重要的一张王牌。一个好的项目，如果没有资金链作为保障，那最后必然会走向失败，反之，如果一个项目看上去虽然普通，但它的资金回流却有非常好的稳定性，那同样可以给一个企业带来滚滚利润。

俗话说，兵马未动，粮草先行。打仗需要用人，需要用马，但是人需要吃饭，马需要吃草料，没有粮草，还打什么仗？"夫顿兵挫锐，屈力殚货，则诸侯乘其弊而起，虽有智者，不能善其后矣"，充足的粮草，是战争取得胜利的一个重要保障。

在激烈的市场竞争中，企业要想取得最终的胜利，同样需要有充足的供给作为保障，这些"粮草"就是企业的资金。生产设备需要投入，开拓市场也需要投入，如果不能在市场上获取良好的资金回流，那企业的经营活动难免会受到阻碍。如果问题得不到解决，在重大压力之下，甚至会让一个企业最终走向破产。

许多人在经营企业时都有一个误区，那就是看到什么赚钱，他们就做什么。他们把眼睛盯在了利润率上，却忽视了现金的周

王牌七
资源配置——环环相扣，合理利用优化资源

转率。表面看上去最火的项目，其实并不一定能带给企业最大收益，如果一旦企业现金流发生断流，那对企业的影响，必然是非常可怕的。就好比是一支军队被敌人切断粮道，那最终等待这支军队的必然是最为悲惨的结果。

经营企业，选择生产项目，一定要能从长远角度，对这个项目的资金流进行全面充分考虑。收益与投入相挂钩，生产与最终的销售相配合，产品资金回笼速度必须快，手中时刻都要有充足的资金，只有这样，企业经营才能维持在最"健康"的状态，也就不会再面临"断粮"的危险。

台湾宏基电脑董事长施振荣在少年时，曾经帮母亲卖鸭蛋和文具。鸭蛋3元1斤，进价却有2元7角，每斤只能赚3角钱，利润只有可怜的10%。而且在运输过程中不小心就会打碎，若没有及时卖出还会有面临坏掉的危险，造成损失；文具的利润较高，至少要超过40%，而且文具也不会损坏和变质。

虽然从表面上看起来卖文具比卖鸭蛋赚钱。但当时，施振荣却极力说服母亲让她以卖鸭蛋为主。施振荣的理论是：鸭蛋虽然利润薄，但最多两天，资金就能周转一次；文具虽然利润高，但有时半年甚至一年都卖不出去，不但积压本金，有限的利润更是早被利息吞噬一空。鸭蛋薄利多销有利于资金周转，所以利润远远大于周转慢的文具。

施振荣后来将卖鸭蛋的经验运用到宏基电脑公司，建立了"薄利多销模式"，即产品售价定得比同行低。如此一来，客户量

增加，资金周转快，库存少，经营成本大大降低，终于将宏碁从一个小公司经营成台湾最大的电脑公司。

亚马逊是一家在线书店，借助互联网的优势，他们能够一周7天每天24小时营业。在刚起步的时候，亚马逊并没有库存，这使得它相比于那些需要将大量书籍存放在书店和仓库中的传统书商有着巨大的现金优势。亚马逊书店通过因特网收取订单，然后再依靠物流系统把书送到顾客的手上。书被发送以后，顾客需要立即用信用卡向公司支付书款，而亚马逊则可以在几周以后才向它的供货商支付书款。依靠这种模式，亚马逊产生了大量的现金，公司可以把这些现金用于市场营销以获取更大的销售量增长。

施振荣商业才智，就体现在能将利润率和周转率两方面进行综合考虑，虽然利润率低一些，可能通过一个物品，不能让企业获得更大收益，不过通过薄利多销，却可以带给自己稳定的现金收益。对于母亲的经营，他提出如此的意见，对于企业的经营，他同样秉承这一理念。依靠薄利，他打开了自己的市场，将很多竞争对手都抛在身后，依靠多销，他又可以保证企业拥有最稳定的收益。拥有了充沛的现金流，企业才拥有更多更新的产品和开拓市场的能力，同时企业也就走上了良性发展的道路。亚马逊的高明之处就在于，他借助网络方式，拓宽渠道，同时利用一个时间差，就为自己寻找到了一条生财之道，这为企业发展也就奠定出了最强的根基。

王牌七
资源配置——环环相扣，合理利用优化资源

我们常说，手里有钱，心里不慌，其实不仅仅老百姓过日子是这样，企业"过日子"更是如此。企业要想日子好过，内心中一定要清楚自己的账本，只有账本上的数字不断增长了，企业才会拥有最好的发展。

在商场中，信息具有无可估量的价值

信息是企业经营最宝贵的资源。掌握一条信息，就可以掌握先机，抢占市场，或者是在竞争对手采取行动之前，率先有所准备；同样，如果失去一条信息，也就意味着，会错失一个对企业发展最好的机会。

当代社会是一个信息的社会，网络的普及、信息传递的及时，以及市场形势的风云变幻，都使得信息的传递与获取对于人们生活与工作都产生出重要影响。获取到一个重要信息，就可获得一次发展的契机，把握机会，采取行动，就可以使自身发展呈现完全不同。

如果一个企业在经营的过程中，能够充分认识信息的重要，将信息看做决策的一项重要资源，并且培养出获取信息，及时行动的精湛本领，那在企业管理者手中，无疑拥有了一张有力的王牌。他能及时根据环境，调整自身的经营战略，从而使自己永远屹立于时代变化的前沿；他也可以时刻掌握好竞争对手的动向，并能根据对手的情况，及时采取对自身发展有利的应对措施，从而使企业发展保持长久稳定，长期立于不败之地。

维尔森·哈瑞尔公司研制出的"处方401"清洁剂去污能力很强，很受消费者欢迎，几乎独霸美国的清洁剂市场。然而，财大气粗的美国杂货业大王波克特甘宝公司也在打这块市场的主意，他决定要把这块市场从维尔森·哈瑞尔公司那里抢过来。

于是，在美国的丹佛市，维尔森·哈瑞尔公司与波克特甘宝公司爆发了一场十分精彩的清洁剂市场争夺战。

面对如此强大的对手，哈瑞尔公司悄悄探得，波克特甘宝公司的产品，"奇特"清洁剂第一步将在丹佛市推上市场。维尔森·哈瑞尔公司就此制定了一个巧妙的营销策略，准备与波克特甘宝公司一决高下。

维尔森·哈瑞尔公司停止向丹佛市供货，把该市的市场拱手让给波克特甘宝。没有了竞争对手的波克特甘宝公司果然威力十足，"奇特"清洁剂一上市就有很多主妇踊跃购买。这个好消息很快传到总部，波克特甘宝公司的"奇特"清洁剂全面投入生产。

哈瑞尔公司的第二步计划开始实行了。通过已经形成的销售网络大量投到市场，将"处方401"清洁剂加大包装，降低售价，在丹佛市开展限期抢购活动。

王牌七
资源配置——环环相扣，合理利用优化资源

主妇们见到这么实惠的清洁剂，马上大量采购，这一次采购的清洁剂能够让很多家庭用半年之久。

等到"奇特"清洁剂推向市场时，多数人家已不缺清洁剂了，购者寥寥无几。最终在这场竞争中完全失败。

在市场经济条件下，竞争是激烈的，形势是错综复杂而又瞬息万变的。这就要求企业经营者必须善于广泛收集市场信息，了解市场销售行情，准确掌握竞争对手的产品信息，并时刻关注消费市场新动向，从而才能在如此激烈的竞争环境中胜出。

企业在获取信息的同时，同时还要注意，要能从众多信息中挑拣出对自身发展最为有利的信息，这样才能让这些信息发挥出应有的价值。因为现在是一个信息"爆炸"的时代，市场上充斥着各种各样的信息，如果没有一双能辨真假的"火眼金睛"，那就很容易被一些错误的信息所误导，从而忽略那些真正对自己有价值的信息。

1991年9月，金娜娇代表新街服装集团公司在上海举行了隆重的新闻发布会。在返往南昌的回程列车上，在和同车厢乘客的闲聊中，她偶然间获得了一条非常重要的信息。

一位乘客在闲聊时对金娜娇说："我在北京见过一位老太太，这个老太太原本是清朝末年一位员外的夫人。其实吧，这个老太太没有什么出奇之处，但是她有一样宝贝。她这件宝贝是一身衣服。这身衣服可了不得，是用白色和天蓝色真丝缝制的，白色上衣绣了100条大小不同、形态各异的金龙，长裙上绣了100只色

彩绚烂、展翅欲飞的凤凰,被称为'龙衣凤裙'。"

听到这番话,从事服装行业多年所练就的本能让金娜娇心中一动。她先是不动声色地问:"这龙衣凤裙真有这么玄?"那个人不服气地说:"当然了!吹牛的是小狗!我跟你说,那位员外夫人现在还健在呢!不信你可以自己去看啊!她就住在……"就这样,金娜娇得到了员外夫人的详细住址。

得到这条消息之后,金娜娇欣喜若狂,她马上改变了自己的行程,马不停蹄地找到那位近百岁的员外夫人。作为时装专家,当金娜娇看到那套色泽艳丽、精工绣制的龙衣凤裙时,也被惊呆了。

当金娜娇得知这位老太太现在过得相当拮据的时候,金娜娇毫不犹豫地拿出了5万元现金,当场买下了这套稀世罕见的衣裙。回到厂里,金娜娇立即选取上等丝绸面料,聘请苏绣、湘绣工人,在那套龙衣凤裙的款式上融进现代时装的风韵。功夫不负有心人,历时一年,设计师制成了当代的龙衣凤裙。紧接着,在广交会的时装展览会上,"龙衣凤裙"一炮打响,国内外客商潮水般涌来订货,订货额高达1亿元。

如果换成一般人,这个意外的消息顶多不过是茶余饭后的谈资罢了,根本不会意识到这套龙衣凤裙当中蕴含着多么巨大的商机。知道那件龙衣凤裙的人虽然不会太多,但肯定也不在少数,但究竟为什么只有金娜娇才与之有缘呢?用上帝偏爱金娜娇来解释显然没有道理。最根本的原因就在于作为一个企业经营者,金娜娇有着敏锐捕捉信息的意识。她多年经营服装行业的经验，她敏锐的洞察力，她及时果断的行动力，这些最终决定她能够把握住这样一个对她非常有利的机会。

企业经营者在获得信息之后，要充分发挥自己的经验和智慧，对表面的现象进行深刻、仔细地研究分析，把握实质性的东西。然后利用它，先发制人，打垮你的竞争对手，或者采取果断决策，让企业形成一次跳跃性的发展，这样才能为企业发展注入更多的活力。

见缝插针，不放过任何一个发展的机遇

机遇对企业发展具有不可替代的重要作用，看看那些走向成功的企业家，他们无一不是具有极强的机遇把握能力。有时即使遭遇失败，但是当机遇再次来临的时候，所展现出来的是坚定的信念和无比的斗志。正是因为他们能把握机遇，也就决定最终他们必然会走向成功。

老子的哲学讲究以柔克刚，水是天下之至柔之物，但它却具有最为强大的浸润力量。外部条件是什么样，水就是什么形状；哪怕有一点点缝隙，水都可以见缝插针，乘虚而入，从这个机遇

中，寻找到对自己生存最有利的空间。

对一个企业来说，同样需要具备这种如水之特性一般的品质，善于见缝插针，才会成为生财有道的企业家。他懂得看清政策形势变化，利用国家或地方新颁布的政策，发现机遇，制定企业的防御或进攻计划；他能够敏锐捕捉到市场与环境的变化，从中发现有利的机会，为企业发展拓展出一片广阔的空间。

20世纪初的一年，奥利莱只身在波兰街头闲逛。他想起要买一支钢笔，便信步走进一家文具商店。

然而，在这家文具店里，他却被钢笔的价格吓了一跳：在英国只需要3美分的钢笔，在这里却卖到了26美分。为了摸清原因，奥利莱进行了一番调查，这才知道：原来这里的钢笔之所以这么昂贵，是因为波兰没有钢笔厂，所有钢笔都需要进口，因此价格居高不下。

得到这个信息，奥利莱感到赚钱的机遇就在眼前。于是，一个决定浮现在脑海：在波兰投资办钢笔厂！

接下来，奥利莱开始了前期规划。他先是筹备资金，并来到德国历史最悠久的钢笔名城，那里有许多的著名钢笔生产厂家，他们掌握着制作钢笔的技术，奥利莱聘请了一位有专业技术的骨干，为公司注入了技术活力。

德国之行结束后，奥利莱又快速赶到了卢森堡，利用各种手段，将生产钢笔的设备陆续运送到波兰。没过多久，生产钢笔所需的原材料也运到了生产车间，属于他的钢笔厂也迅速正式投产。

王牌七
资源配置——环环相扣，合理利用优化资源

不出奥利莱的预料，他的钢笔厂在波兰生意非常红火。第一年，工厂的利润就达到了100万美元。到了1926年，这家钢笔厂已经开始进行出口生意，足迹遍布世界各个角落。而奥利莱凭借着这些生意，轻松赚取了数千万美元。

奥利莱是如何成为千万富翁的？他只不过是敏锐地发现了市场缝隙，然后采取迅速行动，弥补市场中的空白罢了。奥利莱所拥有的品质，正是绝大多数企业管理者所欠缺的，那就是发现机遇、把握机会的能力。如果，普通人在商店买钢笔，看到这样的价格，顶多是有些不能接受罢了，他不会有更多的想法。而奥利莱却从中发现到了一个可以获得千万财富的机会。企业应该善于等待时机并且灵活抓住机会，从而获得成长空间，这在竞争激烈的市场当中，比什么都重要。

哈佛大学的校训是这样说的："时刻准备着，当机会来临时不要犹豫，死死地抓住它，你就成功了。"确实是这样，不管是机会主义还是别的什么，遇到机遇，你需要像水一样的敏感；发现机遇，把握机遇，你的事业发展也许就会以瀑布一样的速度发展。

提到制船业，我们必然会想到奥纳西斯。奥纳西斯是闻名于世的希腊船王，但年轻时，他曾经是流浪在阿根廷的穷小子。正是由于他慧眼识珠，发现了机遇，才使得他白手起家，创造了一番伟业。

由于世界局势的不稳定，1929年，阿根廷出现了严重的经济

危机，工厂倒闭、工人失业、民生凋敝、百业萧条，海上运输业也在劫难逃，可谓陷入了一个看不到底的深渊。

　　面对这样的环境，所有人想的就是退，尽可能地减少损失。然而，奥纳西斯却没有这么做。一次，他得知加拿大有家铁路公司为了渡过危机准备拍卖产业，其中6艘货船10年前价值200万美元，如今每艘仅以2万美元低价出售。

　　得到这个消息，奥纳西斯兴奋得手舞足蹈，立刻买了机票，奔赴加拿大谈这笔生意。他的这一举动令同行们瞠目结舌，认为他太不理智了，这无异于把钞票白白抛入大海，经济危机让每一个人都在想尽办法卖东西换钱，只有他还傻乎乎地用钱去买东西。

　　不过，奥纳西斯并没有把众人的劝说放在心上，因为他看到，经济的复苏和高涨终有一天将会代替眼前的萧条。随着经济的振兴，货运运输必将重新获得高额利润。于是，他果断而坚决地做了下去。

　　果然，不出奥纳西斯的所料，经济危机过后，海运行业迅速恢复了生机和活力。一夜之间，那些从加拿大购买的船只身价比过去高出了数倍。奥纳西斯又毫不犹豫地将它们全部高价卖出，一下子收入了上千万。

　　很多机遇是隐藏起来的，在大家都不看好的时候，它却是一个最好的机会，在大家都认为是一个好机会的时候，其中又有可能蕴藏着一个极大的危险，只有那些最有远见和敏锐意识的人，才能发现这些机遇，并加以有效利用。所有的人都在考虑如何才能渡过经济危机，只有奥纳西斯去考虑经济危机这股寒流过去后的发展。只有在寒冬的时候备下种子，当春天到来时，才能抢到第一个破土而出的先机。站得高、望得远，这就是眼光的力量，就是行动的力量，就是成就事业的"必杀技"。

水有两面性，平静时是涓涓溪流，无孔不入。可一旦激活了水的力量，它就会变得狂暴无比，无可阻挡。这是自然的伟力，无可匹敌。作为一个企业家，你也需要像水一样，随时保持一颗敏感的心，随时做好迎接机遇的准备，一旦发现了机遇，同样要像水一样，飞流直下、毅然决然，这样才能取得最好的成绩。

通过真诚合作，壮大自身实力

有着良好的人际关系，无疑是企业发展的最好的一种资源。有着广泛的人脉，就能获取更多的信息，寻找到更多的机会，为自身发展寻找到更多的助力。有着良好的合作关系，彼此之间会产生更多的信任，这就可以使企业在未来发展中，迸发出更多的力量，也更容易取得好的成绩。

很多人都知道没有朋友就做不成生意的道理，出门在外，要多有朋友、同事，相互照应，才能使自己生活保持稳定，才能使工作得以顺利完成。经营企业更是如此，要能维持好与市场、政府、各方合作者，甚至是竞争者之间的关系，才能让企业在社会之中拥有一个稳定的地位。

也许每个人都懂得广泛合作的重要，但问题是如何进行良好的合作？

合作并不是一件容易的事，因为在合作中会牵涉到很多方面的利益。要想维护好合作关系，就必须让合作建立在诚信的基础之上，为双方共同利益而谋划，这样一来，各方势力才不会因为利益分割的问题而产生矛盾。因为他们彼此之间的信任，还可以为彼此的合作提供出更为广阔的空间，这对于合作双方都是一件非常有利的事情。作为亚洲第一富豪，白手起家的李嘉诚的合作之道就令人击节赞赏。

李业广是香港著名的"胡关李罗"律师行的创建人之一。在香港法律界，李业广具有很强的影响力，他既是香港及英国的执业律师，同时也是一个在业内极有声望的会计师。但是李业广这个在香港商业界内大名鼎鼎的"两栖"专业人士，却被称为是李嘉诚的"御用律师"，这就是李嘉诚广交朋友，善于合作的优势了。不过虽然如此，李嘉诚却不无深意地说："不好这么讲，李业广先生可是业内的顶尖人物，我可没这个本事独包下他。"

李嘉诚说的是实话，像李业广这样业界顶尖的精英人士，当然不会仅仅是李嘉诚一个人的"跟班"那么简单。事实上，李业广身兼香港20多家上市公司的董事，这些公司市值总和相当于全

王牌七
资源配置——环环相扣，合理利用优化资源

港上市公司总额的1/4还要多；另外，李业广还是包括李嘉诚在内的许多富豪的不领薪水的高参。不过，要知道，当李嘉诚的长江实业上市的时候，李业广便是长江实业首届董事会中的一员；在长江发展壮大之后，李业广更是长江全系所有上市公司的董事。就此一点，足见两李的关系非同寻常，但两人的关系却绝非是雇佣，而是合作。

虽然说，在香港商界，拉名人任董事是商家常用之术，但李嘉诚却是个彻底的务实派，像那种扯大旗做虎皮，虚张声势的事情，李嘉诚是绝对不会去做的。李嘉诚选择李业广作为合作伙伴，看中的不仅仅是他在香港商界的名望，而更多的是他的才干和能力。事实上，长江实业的不少扩张计划，在幕后都是两李"合谋"的结果。

出身于伦敦证券经纪行的英国人杜辉廉，是一位证券专家，他也是李嘉诚的"御用合作伙伴"之一。20世纪70年代，英国的唯高达证券公司来港发展，其驻港代表正是杜辉廉。从那时起，杜辉廉就与李嘉诚建立了牢不可破的合作伙伴关系。从那以后，李嘉诚家族的股票买卖都是由杜辉廉全权负责的，他同时还是长江实业多次股市收购战的幕后策划者，以至于被香港商界称为"李嘉诚的股票经纪人"。

与李业广不同的是杜辉廉多次谢绝了李嘉诚邀其出任董事的好意，是李嘉诚的众多合作者中绝无仅有的手中没有任何长江实业股份的人。虽然如此，他也从未拒绝过参与长实系股权结构、股市集资、股票投资的决策工作，令一向做生意讲究人情味的李

嘉诚总觉得欠着他的人情。

因此，当1988年底杜辉廉与他的好友梁伯韬共创百富勤融资公司的时候，李嘉诚邀请了除自己之外的17家商业巨头参股，以便帮助杜辉廉顺利创业。当然，百富勤还是杜梁二人的公司，他二人合计占35%的股份，其余股份则均匀地分布在其他18家参股公司手中，并且没有一家的股份超过10%，这样一来就不会对杜梁在公司内的领导地位构成威胁了。有18路商界巨头为后盾，百富勤发展神速，先后收购了广生行与泰盛，并紧接着分拆出另一间公司百富勤证券。到1992年，该集团年盈利已达6.68亿元。

李嘉诚在百富勤集团成为商界小巨人后，甚至主动摊薄自己所持的股份，好让杜梁两人的持股量达到绝对"安全"线——合作伙伴间的善始善终一向是他所看重的。事实上，明眼人一眼就可以看出来，李嘉诚对百富勤的投资，绝非完全处于盈利的目的，他这么做更多的是想要以此来报答杜辉廉的效力之恩。不过，李嘉诚手中所持有的5.1%的百富勤股份，在百富勤发展迅速的情况下也仍然给他带来越来越多的分红，是市场备受宠爱的热门股。

人们羡慕李嘉诚所取得的成功，不过可能并不了解，在他背后有一个如此团结，又彼此信任的团队在支持他。李嘉诚不仅知道人际关系重要，他更懂得如何用真诚达到合作。他懂得去寻找那些对自己企业发展最重要的人才，同时能够尊重他们，以赢取他们的信任，这样才能让这个团队发挥出最强大的力量，同时也为自己取得事业的成功铺平了道路。凡是与李嘉诚打过交道，合作过的人，没有一个不说他仁义的。而李嘉诚自己也是在这些合作伙伴们的助力下一步步成为了亚洲首富，在福布斯排行榜上雄踞前十。

作为一个普通的企业经营者，应该从李嘉诚的创业故事中，寻找更多启示。正是凭借着更多人的通力合作，正是凭借以自己真诚所赢取的信任，才能使一个企业获得最为充分的发展。如果在自己企业的经营过程中，感觉有些力不从心，或者在过程之中，总是遇到各种困境，那就要反思一下，是不是自己在合作方面，有所注重和改进之后，才能为企业发展寻找到一条最宽广的道路。

协调集中多方力量，才能做成大事

聪明的企业家，从来不会把自己看成一个单打独斗的个体，他会永远将自己看成是团体中的一员。在面临一个以自己力量所不能解决困难或是把握机遇的情境下，他会积极寻求团体帮助，最终依靠大家的力量，赢取这个挑战的胜利。在这一背景之下，同时自己也可以获得最为有利的生存空间。

我们从小都听过一根筷子容易折断，十根筷子就坚不可摧的故事。这个故事的本意虽然是劝导兄弟和睦的，但其中却说明了一个道理，那就是无论多么弱小的事物，只要能够将力量集合起来，拧成一股绳，最终都将是坚不可摧的。这样的道理，同样也适用于企业经营。

在滚滚商海之中，绝大多数的企业之间恐怕或多或少都存在着直接或者间接的竞争关系。毕竟，市场就这么大，流通的资金就这么多，要是被你赚去了，其他人可能就赚不到了。但如果认识局限在这种狭小的范围内，只看到竞争，没有看到合作的话，最后就会失去许多对企业发展有利的时机。作为一个有远见的企业家，在企业经营的过程中，要能将自己的竞争对手，也看作是一种重要的资源。在市场中，不要总看到彼此的竞争，也要能看到彼此身上所存在的共性，在一些极端情况下，甚至能够进行联手合作，只有保持外部空间稳定，才能获得对自身发展最有利的空间。

在20世纪七八十年代的香港，其商战的大趋势是新型的华资财团和老牌的英资财团的对抗。在这场持续了近20年的商战大潮中，虽然华资财团的资金实力还远远不及那些在香港已经经营了近百年的英资大企业，但他们凭借着蓬勃的朝气和一致对外的团结，最后竟然将英资财团打得节节败退，将香港的商业命脉牢牢地控制在了中国人的手里。

时间到了20世纪80年代后期，华资财团和英资财团的旷日持久的大规模商战已经到了展开最终大决战的前夕。以华资"龙头"李嘉诚为首的一批实力雄厚的华资财团磨刀霍霍、虎视眈眈地盯着怡和财团这只垂老的"巨无霸",随时准备向这个巨无霸财团的"命根子"置地公司下手。这是因为,在"怡和王国"中,置地公司拥有香港商业金融中心——中环的贵重物产,可以说是香港地产皇冠上的明珠。

虽然华资财团在之前的一系列商战当中取得了一场又一场的胜利,将英资财团打得节节败退,但是即便是李嘉诚的长江实业,也同样不具备和怡和财团正面硬拼的实力。但是,这次李嘉诚有帮手,而且他的帮手们在现在看来个个都是大名鼎鼎的明星企业家。新世界集团的郑裕彤、恒基兆业集团的李兆基、中国国际信托投资公司的荣智健,再加上长江实业的李嘉诚,这就是华资方面的"全明星阵容"。

怡和财团又岂会坐以待毙,他们绝不容许任何人打置地公司的主意。于是,1986年,怡和财团的董事会主席西门·凯瑟克从美国请来了投资银行家鲍维思,委托他重组怡和财团和置地公司的资产结构,以确保怡和保有对置地公司的绝对控制权。这个鲍维思也不是一个好对付的人物,他深通运筹之道,在美国素有"金融智多星"之称。

1987年2月,凯瑟克宣布成立怡和策略公司(简称怡策),由怡策直接控制置地公司,而置地原持有的怡和股权,则改由怡策持有。经过此番大改组,怡和与置地两家公司7年的互控关系结束,变为怡和与怡策互控,这样一来就最大限度地降低了外来资本恶意收购置地公司股份的可能性。

华资方面当然也不是毫无动作。1987年，香港股票正处在一个前所未有的历史高点上。李嘉诚等四大巨头决定利用当时的高市价，集四大公司之力筹集巨额向置地下手。很快，华资财团在暗中吸纳了部分置地公司股票，稳固了自己的桥头堡之后，公开宣布愿意以每股17港元的价格全面收购置地，将这场香港商业历史上前所未有的大规模商战推向了最高潮。

对此，西门·凯瑟克虽然嘴上说怡和实力雄厚，对此并不担心，但心里却十分惊恐，积极挪借资金组织反收购。1987年4月28日，怡策与其控制的文华东方发表联合声明，由文华东方按每股4.15港元的价格，发行10%新股给怡策，使怡策所持的文华东方股权，由略低于35%增至41%。华资财团担心置地公司"依样画葫芦"，发行新股给怡策，这样一来华资财团的控股比率就会下跌。

于是，华资财团决定采取"快刀斩乱麻"的方式，跟怡和财团摊牌。5月4日，李嘉诚等华资巨头和怡和财团主席西门·凯瑟克和鲍维思等人进行了谈判。最后，唯恐事态扩大的怡和财团迫于华资财团的压力，决定用议价购入四大财团手中持有的置地股份。5月6日，怡和、怡策及置地三家公司宣布停牌。同时，怡策宣布以每股8.95港元购入长江实业、新世界、恒基兆业及中信公司所持的置地股份。由此，怡策所控制的置地股份，由25.3%增至33%，重新稳固住了自己在置地公司的第一大股东地位。

这场商战终于落下了帷幕，虽然说乍一看，貌似是怡和财团

王牌七
资源配置——环环相扣，合理利用优化资源

打退了华资财团的进攻，保住了置地公司。但实际上，李嘉诚和他的盟友们却从这场商战当中获取了巨额利润，每家公司都有过亿港币的收入。因此，怡和财团似胜实败，华资财团似败实胜。从那以后，遭受了致命打击的怡和财团再也不具备与华资财团争锋的实力了。

在这样大规模的商战当中，运用什么样的战术来战胜敌人反而是次要的，这样的商战归根结底还是实力的比拼。英资的怡和财团实力虽强，但也强不过华资四大财团联手，这就是怡和财团在这场商战当中败北的原因。而华资财团则通过多家财团的合作由以弱敌强变成了恃强凌弱，从而取得了商战的胜利。

在这场商战中，展现的是中华民族团结一心的力量，更展现出了华商的精髓经营智慧。面对强大的外资对手，几个弱小资本财团采取合作，最后通过博弈，为大家生存获取一块不小的空间。平日里也许是竞争对手，但在面对共同对手时，又能毫不犹豫地采取合作。

别拿时间不当钱花

时间也是企业一项宝贵的资源，优秀的企业家总会有敏锐的时间管理意识。他知道在固定的时间里，需要实现什么样的目标，企业的人员和设备在固定的时间里，都会有机会成本存在，如果不好好利用，那就会给企业造成巨大的损失。珍惜每一分钟时间，这样才能让一个企业组织，运营出最高的效率。

如果说大吃大喝、豪宅香车是看得见的浪费，那么无缘无故地消耗时间便是无形的挥霍。

一家企业的生产经营成本并不仅仅是有形的资金、厂房和机器设备，还包括许多无形的部分，如人力成本、行政成本、时间成本，其中又以时间成本最为珍贵，却又最容易为人所忽视。

我们总是说商场如战场，那么，战场上最珍贵的是什么？答案就是时间！一支部队早登上山头三分钟，便可以做好充足准备，给后到的敌人以迎头痛击，而这是多少先进武器、多少钢铁意志都换不回来的。

生意场上更是如此，你推出一项产品，早推出三个月和晚推出三个月的差别是十分明显的。早三个月，你便可能抢得先机独

王牌七
资源配置——环环相扣，合理利用优化资源

占市场，在竞争对手最少、利润最丰厚的时候赚得盆满钵溢；如果你晚了三个月，只能看着别人把风头抢尽，自己还要跟那无数跟风者去抢少得可怜的市场份额，而且利润空间还很有限，累死累活地拼上一年，赚的可能还不如人家头一个月的多——这便是时间成本的差别。因此，说时间也是一种昂贵的成本，这并不为过。

美国连锁商店大富豪克里奇，他的商店遍及美国50个州的数百座城市，他的资产多达上百亿美元。有一次，他想要去看一场歌剧，在购票处看到一块牌子上写道："下午5时以后入场半价收费。"克里奇一看表是下午4时40分，于是他在入口处等了20分钟，到了下午5时才买票进场。

相反，比克里奇更有钱的比尔·盖茨便不会像他这么做，因为他知道自己的时间比那些小钱更有价值。曾有人调侃说，如果比尔·盖茨在工作时间掉了100美元，他甚至不会花一秒钟时间弯腰去捡，因为他每一秒钟都可以净赚250美元。如果把赚钱的时间从一天24小时压缩成8小时，那他在一秒钟内所赚到的钱还要翻三倍，达到750美元。因此，对于他来说，掉了100美元之后与其弯下腰去捡，不如马上转身走回办公室，开发一套教人如何避免掉钱的程序。这样一来，他每秒钟所净赚的钱还会比原来更多。

在一家大企业中，每一个人的时间都是宝贵的资源。因为每个员工都是企业这台大机器上不可或缺的部分，他所提供的工作

都是维持企业正常运转所必须的。只有在规定的时间里，完成所需要的任务，这样才能保证企业维持正常的运营。

随着科学技术不断提高，时间的价值也在以十倍、百倍的速度增长。人们分秒必争地捕捉着瞬息万变的商业信息，分秒必争地创造财富。如果说，以分来计算时间的人比用时来计算时间的人的时间多59倍的话，那么以秒来计算时间的人则比用分来计算时间的人又多59倍。沃尔玛的创始人沃尔顿建立的高科技通信系统，可谓每秒钟都是钱。

山姆·沃尔顿在沃尔玛零售连锁商店中采用了先进的信息技术为其高效的分销系统提供保证。公司总部有一台高速电脑，随时监控着全国20个发货中心及上千家商店的销售情况，通过商店付款柜台扫描器售出的每一件商品，都会自动记入这台高速电脑。当某一商品数量降低到一定程度时，商店的电脑在一秒钟内就会发出信号，向总部要求进货。总部的高速电脑在接到信号后，会在几秒钟内调出货源档案提示负责发货的员工，让他们将货物送往距离商店最近的分销中心，再由分销中心的电脑安排发送时间和发送路线。这一高效的自动化控制使公司在第一时间内能够全面掌握销售情况，合理安排进货结构，及时补充库存的不足，降低存货成本，大大减少了资本成本和库存费用。

山姆·沃尔顿还在沃尔玛建立了一套卫星交互式通讯系统。凭借这套系统，沃尔顿能与所有商店的分销系统进行通讯。如果有什么重要或紧急的事情需要与商店和分销系统的管理者进行交

王牌七
资源配置——环环相扣，合理利用优化资源

流，沃尔顿就会走进他的演播室并打开卫星传输设备，这套卫星交互式通讯系统会在最短的时间内把消息送到那里。

这套看似无关紧要的系统花掉了沃尔顿7亿美元，是世界上最大的民用数据库。沃尔顿认为花费巨资建立这套卫星系统是完全值得的，他说："它节约了时间，提高了整个公司的运转效率，现在每分钟它都在为我赚钱。"

对此，美国早期杰出的政治家与科学家富兰克林有一段生动的表述："记住，时间就是金钱。假如说，一个每天能挣10个先令的人玩了半天，花掉了6个先令，那么他所损失的绝不仅仅是6个先令，还应当包括他本可以挣得的5个先令。记住，金钱就其本性来说，绝不是不能生值的。"

这种说法虽然不无调侃意味，但却以十分浅显的方式向我们指明了时间的宝贵价值。"一寸光阴一寸金"，我们虽然不是比尔·盖茨，不会连捡钱都要亏本，但每个人的时间都是具有价值的，只有拥有珍惜时间的意识，才能使自己的工作产生应有的效率。在企业的经营过程中，同样要与沃尔玛一样，在提供生产效率的问题上，加大投入，去尽可能寻找那些改进效率的方法和技术。当一个企业能够更多节省企业运作所需要的时间时，它也就会更容易拥有更好的经营效果。

节流和开源同样重要

"天下大事，必作于细"，优秀的企业家会非常，明白想要成就一番伟大的事业，必须要能做好其中细小的环节，通过细节之中的累积，最终成就自己事业的高度。广开源，要为企业寻找尽可能多的出路，深节流，要用好手中的每一分钱，具备这样的经营理念，并把它渗透到自己经营过程的每个环节之中，这样，企业的所有资源才能得到最有效的配置。

在两千多年前，荀子就曾提出"必谨养其和，节其流，开其源，而时斟酌焉。"这种理念，在今天企业的经营中，依然可以发挥出很大的作用。只有将企业所有的资源进行有效配置，这样才能让它们发挥出最大的作用。

开源节流，顾名思义，"开源"就是增收，尽可能多地开辟增加收入的途径；"节流"就是节约开支，节省不必要的资源消耗和费用支出。

对于企业经营而言，开源节流是最基本的财务管理原则。要做到广开源，为企业发展寻找到更多出路，同时又要做到深节流，制定合理的制度，培养好企业的文化，以求不浪费自己手中的任何一分钱，这样才能利用好手中的每份资源，为企业获取利润创造出最大的空间。

霍华·休斯曾被称为美国的"飞机大王"，他曾是控制美国经济命脉十大财团之一的老板，他是美国环球航空公司的董事长。关于这位大富豪的创业经历，充满曲折和神秘，这里所讲述的只是关于他的一件小事。

有一次，霍华·休斯开车往飞机场去，车上还有另一位美国富豪福斯先生。他们边开车边谈生意。福斯滔滔不绝地谈起一笔2300万美元的大生意，说要设法做成它。休斯听了，似有所悟，立即把车靠边停下，急忙向路旁的一家药店走去。

福斯不知道发生了什么事情，只好在车上坐着等待。一会儿，休斯回来了，福斯困惑不解地问他干什么去了。

"打电话，"他回答，"我把我在环球航空公司（他自己拥有的公司）的那张机票退掉了，因为我要陪您一起乘另一班飞机。"他说完后，又和福斯一起谈起了那笔2300万美元的生意。

福斯笑着说："我们正在谈2300万美元的大生意，而您却为节省150美元机票把我放在路边去打电话，这么急停下来差点要把我撞死了。"

休斯却认真地回答道："这2300万美元的生意能否成功现在还是个问题，但节省150美元却是实实在在的现款。"

"尽量节约每一项可以节约的开支"，这正是休斯的经营理念，更是他的制胜之道。他认为，2300万美元虽然重要，是他非常希望谈成的生意，但这150美元的节约开支对自己也同样重要，不论面对什么情况，都不应该改变自己做事的方式。大生意固然要谈，要给自己广开财路，但小支出的节省，也同样是自己必须遵守的财务管理原则。

关于这样的故事，还有很多。许多创业成功的老板，虽然掌握有巨额的财富，但他们大多保持生活的低调，他们会以非常仔细的态度，去面对生活与工作中的每项开支，尽可能减少其中不必要的内容。不明白的人，也许会觉得这些老板有些吝啬，有着这么多的财产，为什么还要在意这些小钱。他们其实不知道，这些才是我们最应该从这些成功老板身上所体现出来的，正是这种仔细面对每一分钱，注重节流的品质。也许正是因为他们具有对待财富的客观认识态度，才能让他们有能力去掌握更多的财富。

有些人所崇尚的"小钱不出大钱不入"的说法并不完全正确。经营企业，必须注重效益，不该花的钱一分不花，好钢要用在刀刃上，这样才能让自己的公司在竞争中积小胜为大胜，拥有最强的竞争力。通过稳扎稳打，使企业规模获得不断发展。

19世纪的众多石油大亨中，洛克菲勒可谓独领风骚的一位。有关专门研究他创富之路的人发现，洛克菲勒走向成功，无疑有着诸多因素，但其中的一项重要内容，就是他对成本支出的严密控制。

洛克菲勒会准时查阅呈报上来的成本和开支报告，了解销售及损益情况，并以此作为对每个部门的工作考核。他甚至把提炼

王牌七
资源配置——环环相扣，合理利用优化资源

一加仑原油的成本，计算到小数点后第3位数。

1879年，洛克菲勒曾写信给一个炼油厂的负责人，质问他："为什么你们提炼一加仑原油要花1分8厘2毫，而东部的一个炼油厂干同样的工作只需要9厘1毫？"就连价值极微的油桶塞子他也不会轻易"放过"。他曾写过这样的信："上个月你厂报告手头有1119个塞子，本月初的时候，发送给你厂10000个，本月你厂报告用去9527个，但到月底时你厂报告现存1012个，其他580个塞子到哪儿去了？"

人们所了解的洛克菲勒，更多是在决策面前展现出巨大魄力，通过一个抉择，为公司发展博取一个最有利的机会，这正是为企业广开源。但人们可能不知道这样一个大老板，也会有如此计较的一面，他的行为甚至让人感到有些吝啬。毫无疑问，公司企业需要开源，需要不断拓展自己的经营领域与范围，不断探求对公司有利的发展空间。但节流对公司的经营也具有同样重要的作用，只有将企业所有资源充分利用，才能使企业生产保持最高的效率。洛克菲勒能够取得成功，懂得开源是其中的一个重要因素，但懂得节流也同样是不可或缺的管理技能。

经营企业，如果能够开创出自己的一片天地，那他可以达到一刻短暂的辉煌，但如果他对自己公司的各项经营不能做到心中有数，那他守护这份事业就会变得非常艰难。任何企业都会遇到经营状况与外界环境的复杂变换，如果经营者缺乏节流意识，在企业效益好的时候，可以保持正常经营，但如果一遇到什么样问

241

题，那企业就会很难维持，甚至会因此而一蹶不振。

任何企业的经营都会有高峰和低谷的转变，只有做到开源和节流并重，才会使公司经营拥有最高的稳定性，同时也最大程度地发挥出自身每一份资产的作用。

王牌八
营销渠道
—— 拓宽市场，潜心挖掘潜在客户

作为企业的管理者，你可能需要为自己卖不出产品而犯愁。的确，从管理到决策到资金，这一切的一切其实都是为营销而服务，产品卖不出去，说什么都是白搭。相反，如果你拥有了营销这张王牌，你的企业绝对可以在商场上无往而不利，财源滚滚。

营销是企业未来发展的保障

营销无疑是企业生产过程中，最重要的一个环节，因为它直接决定着企业生产价值能否顺利实现。成功的企业不一定拥有成功的营销，成功的营销却可以决定企业的成败。在现实条件下，一个企业如果具有一身善于营销的本领，那它无疑手中就拥有了一张赢取竞争的有力王牌。

如果想要让公司产生利润，唯一的方法就是把公司的经营对象卖出去，无论经营对象是产品还是服务。我们也可以说，无论什么样的企业，能够卖得出产品，才能维持基本的生存。

所谓营销，就是为产品寻找必须与产品的品牌形象及价格相符合的销售渠道，如果营销工作做得好，你就能找准目标客户，并且赢得目标客户的认可。但是，对于企业老板来说，最大的问题是找到了正确的销售渠道，可是却苦无良策说服该渠道的经销商销售自己的产品，因此，想要创业当老板，就必须要懂营销。

当布赖恩·勒热特和罗恩·威尔逊刚开始创业时，他们采用了传统的个人销售方式。当他们在沃顿商学院学习时，设计出了一种新型耳罩，这种耳罩不会让佩戴者显得过于呆板。

王牌八
营销渠道——拓宽市场，潜心挖掘潜在客户

决定创业之后，布赖恩·勒热特和罗恩·威尔逊从信用卡里透支了 7500 美元开办了 BigBangProducts 公司。由于这家公司总共就只有他们两个人，所以起初他们俩只好又当老板又当推销员，在宾夕法尼亚大学的过道上向过往的学生推销这种耳罩。

一天，正当布赖恩和罗恩费尽心机地劝说两名学生购买他们的耳罩的时候，有两名在 QVC 购物网实习的学生反而劝他们直接通过电视进行销售。这个建议在一瞬之间，打开了布莱恩和罗恩的思路。借助 QVC 电视购物，BigBangProducts 公司广告播出后的 8 分半钟内就售出了 5000 个耳罩，在 5 年内总共售出了 600000 个耳罩，而在这之前，他们俩每天的销售量加起来，也只有不到 20 个。

每天不到 20 个和 8 分半钟 5000 个，这就是懂营销和不懂营销之间的差别。在"开窍"之前，布莱恩和罗恩两个人虽然发明了自己的产品，创立了自己的企业，但是他们的企业其实根本没有真正运作起来，他们俩也只不过是顶着老板头衔的沿街叫卖的小贩而已。当然，在现在看来，电视购物早已经不是什么新奇的营销手段了，但却也正是受到了那两个学生的启发，布莱恩和罗恩才真正懂得了营销的重要作用，他们的创业成果 BigBangProducts 才真正走上了正确的发展道路。

现在，真正如刚刚创业的布莱恩和罗恩那样懵懂的老板几乎是没有的。我们的生活中无时无刻不在接触各种企业进行的各种方式的营销，所以当我们真正成为一家企业的老板时，我们也就

自然而然地懂得了营销的作用。想要做好营销，就要练就自己一身营销的本领，制定明确的营销目标，寻找尽可能多的营销方式，对市场环境进行及时把握，有步骤、有计划地最终使自己的目标逐渐变成现实。至于这个听起来十分"简单"的营销计划到底有多大威力，我们不妨用麦当劳的"阿凡达"营销计划来"说话"。

一款阿凡达变脸游戏"化身阿凡达"突然红遍网络，似乎每个人都想上传一张照片，然后把自己变成一个蓝皮肤黄眼睛的纳威人。游戏挂在麦当劳网站上，点击率的激增让这家快餐巨头一时间扬眉吐气。

其实，这只是麦当劳"阿凡达"营销计划的一小部分而已。

麦当劳还推出了一个全球范围内的在线游戏——潘多拉任务，其中包含中文版。玩家可以进入丛林搜集目标物品：RDA 研究小组的背包、水壶、乃至印有巨大醒目金色拱门 Logo 的麦当劳薯条、巨无霸……达成目标任务即可成为 RDA 小组成员。可这个游戏并不是这场计划的重点——在美国市场，巨无霸套餐随机附送八种麦当劳阿凡达激情卡（McDonald's Thrill Cards）之一，麦当劳为它专门制作了全球不同版本的电视广告。通过麦当劳网站下载软件进入"麦当劳幻境"游戏，将套餐中收到的卡片对准摄像头，人们就能用一个 3D 形象在《阿凡达》的潘多拉星球探险。

电影《阿凡达》的导演卡梅隆很赞赏这次合作："麦当劳的顾客会觉得他们是电影中的一部分。在电影即将上映的时候，这种方式可以让人们对电影产生更大的兴趣与关注，这真是场具有

王牌八
营销渠道——拓宽市场，潜心挖掘潜在客户

创造性的营销计划！"

《阿凡达》仅上映10天就累积了2.12亿美元的票房收入。截至2010年1月18日，全球总票房突破16亿美元。尽管不知道麦当劳为这场营销花了多少钱，但有一点是肯定的，这份"完美"的营销计划无疑给麦当劳带来了丰厚的回报。

从麦当劳的"阿凡达"营销计划中，可以看出合理的营销对于企业生产的重要性。要知道，一份好的营销是可以具有点石成金的效果，一种别致的营销方式，最终能使企业的产品瞬间被社会所接纳。如果一个企业不能对营销进行有效掌握的话，企业的产品销售就会变成一盘散沙，在销售上所投入的精力与回报也就不能成正比。

同时，我们也看到了，进行营销要有效地与文化进行结合。利用电影，就让人们对这一品牌有了重新的认识，伴随《阿凡达》的火爆，最终让市场也对麦当劳加深了记忆，最终必然会极大程度地促进产品销售。除了电影之外，还有很多的方式可以借鉴，比如音乐，比如节假日，比如其他文化活动等，企业在产品的营销过程中，更多地为自己寻找到有利的营销方式，才能搭上它们的顺风车，拥有更优秀的销售业绩，也让企业获得更高程度的发展。

永远不要做那些"想当然"的事情

在销售渠道的建设过程中，如果以"想当然"的态度去考虑市场和客户的需求，最后难免会忽略其中的许多细节，最终必然会对产品销售产生不良影响。反之，如果能够对市场的细微变化进行关注，对客户的不同需求进行分析，那必然能够从这些细节中，挖掘出更多的潜在客户。

人是一种依赖于习惯的动物。从你说话爱用哪些词到你走路先迈哪只脚，都体现着习惯对人行为的支配作用。不仅仅是行动，人的思维也常常受到习惯的影响，这种思维就叫作"思维惯性"，说白了也就是我们平常所说的"想当然"。

这种"想当然"的方式，却往往会产生出非常不利的结果。还记得赤壁之战中周瑜痛打黄盖吗？曹操之所以相信黄盖是真心投降，正是一个惯性的思维，他以为黄盖在受到如此虐待或危险之下，一定会选择避免伤害自己的道路，最终他以"想当然"的方式，认为黄盖是真心投靠自己的。结果呢，曹操在思维惯性的支配下上了黄盖的当。所谓"祸莫大于轻敌，轻敌则几丧吾宝"，说的就是这个道理。

王牌八
营销渠道——拓宽市场，潜心挖掘潜在客户

同样的情境，在企业营销过程中，也会经常遭遇。如果企业经营者认为，市场就应该是这个样子，顾客就应该这样消费，缺乏必要的调整和应对，那恐怕你就犯了一个巨大的错误。市场形势总在风云变幻，企业每天所面对的都是不同的情况，并且地区之间也存在差异，甚至每个顾客之间也存在差异。如果不能对消费对象进行潜心研究，有针对性地采取不同的营销措施，甚至调整自己的生产，那企业的经营很容易落后于这个时代。在竞争如此激烈的环境下，在变化如此快捷的时代背景下，就很容易遭到被市场淘汰的悲惨命运。

在美国市场上，宝洁公司生产的婴儿尿布很受欢迎，已经成为了市场占有率很高的名牌产品。但宝洁公司并没有满足于现状，它准备在现有的基础上开拓国际市场，第一步的目标就定在了德国和中国的市场。

由于宝洁公司的尿布在美国已经使用了很多年，受到了普遍好评，公司决策层认为直接进入德国和中国市场一定不会有什么问题。因此，宝洁公司就没有按照以往开发新市场的惯用程序，在进入德国和中国市场前没有经过"实地试销"。但是这一次宝洁公司却想错了。

宝洁公司一开始就运送了大量的尿布进入了德国和中国市场。由于宝洁是世界知名品牌，到了德国和中国，很多母亲都信任宝洁，购买了这种婴儿尿布。

但是没过多久，总公司就收到了很多来自两地市场的不良报

告：德国的消费者反映，宝洁公司的尿布太薄了，吸水性不能满足婴儿的需要；中国的消费者反映，宝洁公司的尿布太厚了，婴儿根本用不着那么厚的尿布，简直是浪费。一个小小的薄厚问题也反映出不同国家在使用婴儿尿布上存在着文化的差异。

对于这个小问题，宝洁公司进行了详细的调查。最后发现，虽然是同样的尿布，平均大体相同的尿量，感觉薄厚不同是因为德国和中国的母亲使用婴儿尿布的习惯不同。

德国母亲做事喜欢循规蹈矩，每天早上起来的时候给孩子换一块尿布，下一次换尿布的时间是在晚上，白天并不安排换尿布。如果一块尿布持续用一天，尿布相对于这样的情况就显得太薄了。

中国的母亲不是按照时间来给婴儿换尿布的，她们是把婴儿是否舒适当作换尿布的标准。孩子只要一尿尿就会换上一块新的尿布，一天要换很多次尿布，而每次尿布可能就用了一点点，所以宝洁公司的尿布就显得太厚了。

正因为没有做"实地试销"的工作，没有考虑不同地区消费者的使用习惯，没有考虑不同民族的文化区别，一个尿布的薄厚问题影响整个产品的市场推广。久而久之，在中国和德国妈妈们的眼中，宝洁公司的尿布便不再是她们的首选了。

在中国，宝洁这样的公司在市场上所拥有的地位，恐怕是无人不知的。但即使是这样一家大型的企业，在他们的营销中也会有马失前蹄的经历。就算是这么一家拥有极其丰富的市场营销经验的国际知名企业，也栽在了思维惯性手里。因为欠缺更精准的

王牌八
营销渠道——拓宽市场，潜心挖掘潜在客户

考虑和对市场的调研分析，最终出现产品不能适合市场的情况。大量产品在库房出现积压，在竞争激烈的市场环境下，企业在中国和德国这两大块市场上彻底失去了主动权。最主要的，是对品牌本身也形成了影响，消费者对这一品牌的信任，就会因此而减少，这对于一个企业来说，才是一笔最大的损失。对于宝洁这样的大公司来说，这样的经营风险也许不算什么，不会影响到公司的整体经营，但如果换做是一个小型企业，当主打产品出现这种情况后，必然会对企业产生致命的打击。

为什么想当然的想法会给一家企业带来如此巨大的伤害？这是因为我们所处的客观世界总处于不断的运动变化当中，绝对静止的东西是不存在的，我们那些想当然的想法往往就是过时的，而且我们还不自知。宝洁不去考虑这两个细分市场的具体特点，最终迎接它的是产品营销因此而受阻。

优秀的企业领导者，应该懂得用运动变化的思维来经营企业。诚然，具备一定的经营管理知识是领导者带领企业走向成功的基础。但在瞬息万变的商场当中，企业要有根据环境而调整自身经营决策的本领。在销售过程中，如果只知道搞本本主义，搞教条主义，不知道灵活地运用各种知识，那他的决策十之八九是错误的，而他的产品营销也就难逃失败的噩运。

给你的产品在市场中找个位置

产品精准的定位，无疑是企业营销成败的关键。有了好的定位，可以成就一款产品的销售，而一个产品如果定位不准确，即使它有着很好的质量，那可能最终也不会获得市场的认可。

营销是一场战争。在激烈的营销战中，单靠商家勤奋努力，推出新技术、新产品是远远不够的，更重要的一步是适时地把合适的产品销售到合适的市场，给你的产品在市场中找个位置。

有了准确的定位，企业生产经营才能做到有的放矢，根据顾客的需求，去生产产品，根据顾客的特点，去推销产品，这样才能取得最好的销售成绩。如果企业连自己都不清楚产品的市场定位，自己都不知道自己的产品是面向哪些人群的，又怎么能够指望消费者会欣赏并选择你的产品呢？

要知道，准确的市场定位是一把战无不胜、攻无不克的利剑，而高不成低不就的定位，却会导致事业失去人气。要想让企业拥有成功的营销，就必须得找准并坚守自己的市场定位，只有这样才有利于开拓和发展企业的市场。

1998年，农村青年刘某怀揣4000元借款，来到上海准备开包

王牌八
营销渠道——拓宽市场，潜心挖掘潜在客户

子铺。他只用了一年的时间就赚了60万。刘某找准上海人吃东西的口味，并且研究了城隍庙的各式上海特色小吃。他发现做包子的秘诀就在制馅这个环节上，乡下的猪因为吃天然饲料，猪肉的味道特别纯正。因此他做馅用的猪肉都是专门从安徽老家乡下购买运到上海的。不仅如此，在制作菜馅时他还全部采取人工切碎，这些做法虽然大大提高了成本，却恰是他的独到之处。手工切的青菜口感非常好，非常脆，而机器切的口感则比较"糊"，不清爽。对于口味挑剔的上海人来讲，只要口感好、味道出众，即便价格高也愿意购买。刘某费这么大成本做出的包子卖价也要比一般的包子稍微贵一点，但由于他的包子口感特别好，他的店得到了注重口味的上海人的认可，一时间，生意竟想不到的火爆，以口味挑剔、讲究著称的上海人排队买起了刘某的包子和馒头。

与刘某相比，陈某做蟹黄汤包不过六年，却已经成为靖江汤包界数一数二的领军人物。蟹黄汤包在江苏靖江已有200多年历史，并且价格比其他包子贵多了。一个包子八九元钱，在我们看来，有点贵得离谱，可在当地，大家一点也不觉得贵。老陈的包子一笼有6个，每笼最高50元，但是从早到晚来吃的人却是络绎不绝。原因就在于这不是一般的包子，与其他包子不同的是皮薄，汤馅汁多。其他包子都是固体，拿到就可以吃，这种包子要把汤喝掉以后再吃皮。陈某的包子比刘某的包子更好卖。在他这里，一天五六百笼是绝对不够卖的。有一年国庆7天，每天要卖1000多笼，每笼50元，7天的流水就是50多万元。小小一个包子，为什么能被他卖得这么好？原因是价格定位找得准。原来在1998年

以前，蟹黄汤包在靖江当地卖 80~150 元一笼，一般人根本吃不起。陈某是半路出家，他发现一笼蟹黄汤包最多只要 25~30 元的成本，而市场普遍价位都在 100 元以上，其中的利润太大了。于是他在自己的第一笼包子出来后，就摆出一块牌子，标出了 50 元一笼的价格，蟹黄汤包一下便宜这么多，一下子就引起了当地人的关注，酒楼一开张就迎来了开门红。

刘某与陈某的创业经历告诉了我们一个成功的规则：当我们在给自己的产品作市场定位时，必须要考虑到人们消费的心理特点。比如刘某对上海人消费习惯的了解，为此他做出了积极的准备，最后能让他的包子在市场上一炮而红。同样是做包子，陈某也同样获得了成功，他的定位，却是高价位和高品质。无论是什么样的定位和目标，只要一个人能够完全明确，并且能将自己的定位体现出来，最终必然都可以获得属于自己的成功。

在销售过程中，只有当我们自己知道自己想要把产品卖给谁的时候，消费者才有可能青睐我们的产品，这是营销的前提，这是任何一个企业经营者都必须清楚的一点。给自己的产品在市场中找准位置，只有这样，才能让顾客在众多的产品中，对你留下深刻印象，才有可能在激烈的市场竞争中，为企业生存占有一席之地。

王牌八
营销渠道——拓宽市场，潜心挖掘潜在客户

让所有人都知道你的产品

现代社会，风云变幻，对于企业家来说，不能再认为只要有了好的产品，企业就可以生存无忧，坐等顾客上门了。市场竞争激烈，缺乏必要的营销，再好的产品，也会为市场所淹没。对于企业家来说，要去尽可能开发出好产品，同时又要能让社会了解到这些好产品，才是企业生产经营的王道。

中国有一句古话，叫做"酒香不怕巷子深"，意思是如果酒酿得好，就是在很深的巷子里，也会有人闻香知味，前来品尝。如果把这句话引申到企业经营中，也就是说，如果你的产品很好，哪怕不去做营销推广、广告宣传，即使寻找起来十分困难，消费者也会知道它，并自觉地跟着"酒香"，来到你这座"巷子"里。这话听起来挺有道理，不过，在现代的经营环境中，这样的道理却不见得能够适用。

现在这个世界不再是那个每种行业只有几家作坊的社会，不再是那个交通运输极不便利、产品只能在当地销售的社会。现在的社会是一个产品竞争异常激烈的商品社会，是个交通发达，今日北京明日巴黎的现代社会。在这样的环境背景下，不能再去等待顾客上门，企业要去宣传自己的产品，要去拉顾客上门，这样才能为自己的好产品打开销路。最终真正做到"实至名归"，以产品良好的销售成绩来证明产品的良好品质。

在北京博物馆召开的一个全国博览会开幕了，展会第一天虽说前来参观的客人非常多，但光顾徐铮展位的人却寥寥无几。

徐铮是悠远古画收藏文化公司的经理，这次他带着公司收藏的近百幅古画来参展。博览会开幕的那天，徐铮带着自己的展品来到现场，结果，他发现自己实在是背到家了，博览会给他分配的展位竟然在一个位置最为偏僻的小阁楼上。这下可好，整整一天下来，光顾徐铮展位的人掰着手指头都数得过来。

这样下去可不行，徐铮灵机一动，想出了一个好点子。

第二天，徐铮派人在会场上陆续抛下数百把做工精致的纸扇，纸扇的扇骨上贴着一张字条：谁拾到这扇子的人，可以凭此为信物，去阁楼上的悠远古画收藏文化公司陈列处换取纪念品。

徐铮的宣传工作果然收到了效果，那些拾到纸扇的人，无不争先前往悠远文化的展位。而其他没有拾到纸扇的人一看很多人争着往阁楼上跑，好奇心起，也赶过去凑热闹。就这样，悠远古画收藏文化公司的那间本来门可罗雀的小阁楼展厅被挤得水泄不通，人们对那些古画赞不绝口，纷纷争购。相关部门不得不派人来维持秩序。

博览会闭幕之后，徐铮一结算，这次所赚的利润近百万，悠远古画收藏文化公司几乎成了大会的"冠军"，不仅扩大了公司的知名度，而且打开了市场。

广告宣传不是万能的，但是不做广告宣传却是万万不能的。看看徐铮的公司在博览会开幕和闭幕时截然不同的状况，你就会知道这绝不是一句假话。如果徐铮没能在企业展位极其不利的情况下及时想出了让消费者关注自己展位的宣传方式的话，也许直到博览会结束，也不会有多少人注意到原来在阁楼上还有这样一个相当不错的展位。现如今，如果你还抱着老祖宗的教诲不放，那么对不起，从巷子口路过的顾客们根本没时间去闻你的"酒香"。从这种传统的认识中解脱自己，不仅要宣传自己的"酒香"，还要采用灵活多样的方式，这样才能保证获取最好的效果，只有在更多的品尝过你的"美酒"之后，才能竖起夸赞的大拇指。

宣传在营销中的威力到底有多大？一位资深美国记者曾这样说："只要有足够的经费，我能使一块砖头被选为州长。"虽然这话中很明显地有夸张成分，但却是对当前市场情况和宣传营销重要性的一种客观反映。

张女士家楼下有一家服装店，每天早上，喇叭里就会传来这样的声音：正宗羊毛衫厂家直销，仅卖一天，机不可失，时不再来，请大家抓紧时间，赶快购买。很多人都被服装店的宣传攻势吸引了过去，张女士也跑去看了，等她走到店门口时，才意识到：自己和家人都不缺羊毛衫。但好歹已经来了，就进去看看吧，反正便宜，有合适的，就买一两件。但进去一看却大失所望：这些羊毛衫并没有她预期中的便宜，仅仅只比市场上一般的低了20%

不到，而且感觉颜色、样式都很差，于是大失所望地离开了。

当张女士第二天再次从店门口走过，发现那家店围了好大一群人，店家收钱应接不暇。她心想：这些人也真是的，东西又不算好，有必要这么狂热吗？过了两个小时，她再次从这家店门口经过，依然看到一大群人在抢购，她开始有些迟疑了：真有这么好吗？莫非是这些衣服的质量真的很特别？但还是摇摇头没有进去。再过了两个小时，她因为有事再次路过，发现有不少款式的衣服已经被人买去。这时她开始怀疑自己最初的判断了：也许这些东西真的很便宜。

喇叭里的声音不断传来："厂家直销正宗羊毛衫，仅此一天甩卖，机不可失，时不再来。"终于，在这种"机不可失"的反复催眠下，她的理智丧失了。后来她终于忍不住了，去买回了一件。后来想了一下还是觉得不够，又跑去买回几件。实际上，在买的时候，她完全没有考虑，这件羊毛衫该给哪一位家人穿，具体在什么时间、什么场合穿。

借助宣传不仅能使大家知道你的产品，而且还能使顾客最终接受你的产品。在这个案例中，只是使用重复的方式，最终就使得张女士改变了他最初的认识，不仅接纳了这个产品，并且成为这个产品的忠实消费者。其实在现实中，宣传自己的产品的方式还有很多，有些人很好利用一个传说故事，就可以缔造一个良好的产品品牌，有些人制造出一个事件，就让大家对一个产品留下深刻印象。作为企业的营销人员，要能很好地利用手中的这些资

王牌八
营销渠道——拓宽市场，潜心挖掘潜在客户

源，为产品营销打开最宽的道路。

企业要想获得成功，就是要把自己的产品卖出去，而顾客要买你的产品，就必须先要知道你的产品，显然，坐在店铺里"守株待兔"不是最好的营销方法，抓住顾客的心理，使用适当的广告和宣传，才能更直接有效地达到这个目的。不去宣传就没有知名度，在市场经济环境下，产品也就不会拥有好的销路，企业也就不会有好的发展。

想方设法吸引消费者的注意

聪明的营销人员，他们必然懂得如何抓住消费者的注意，他们会用尽各种的方式，用尽各种的手段，让社会对自己的企业，对自己的产品进行关注。当大家的目光都聚集到你身上的时候，你的产品销售就打开了一个最好的销路。不一定要花费什么样的成本，但却能产生出非常重要的效果。

营销是企业的命脉，营销的根本在于宣传，这是任何人都明白的道理。于是，宣传变成了一场比拼，营销变成了一场战争。担任这场比拼的裁判员，是一群名叫消费者的人，而这场比拼的游戏规则只有一个，那就是看谁能想办法抓住消费者的眼球，让消费者印象深刻。

美国纽约有一家公司，他们的业务是经营碳化钙。公司为谋求进一步发展，斥巨资新建了一栋52层高的总部大楼。工程马上就要竣工了，但如何面向社会宣传而又不会引起人们的反感呢？公司的广告部人员绞尽脑汁，仍然找不到一个满意的宣传方式。

就在这时，公司突然接到值班人员的报告：在大楼的32层大厅中发现了一大群鸽子前来"安家落户"。这群鸽子启发了公司公关广告专家们的灵感，解决了企业宣传这道难题。

想到这个方案之后，公司立刻派人关好窗子，不让鸽子飞出去，并立即打电话通知纽约的动物保护组织，请他们立即派人妥善处理这些鸽子。

历来以注重动物保护而自豪的美国人肯定不会坐视不理。动物保护组织的人闻讯后立即就赶了过来。与此同时，公司负责人的一通匿名电话打到了《纽约时报》的报社，告诉他们这里将有重大新闻事件发生。这件事一传十，十传百，纽约市各大媒体竞相出动大批记者前来采访。

三天之内，从动物保护组织捉住第一只鸽子到最后一只鸽子落网，新闻、特写、电视录像等，连续不断地出现在报纸和荧屏上。这期间，出现了大量有关鸽子的新闻评论、现场采访、人物专访。公司的首脑人物更是抓住这千载难逢的机会频频出场亮相，乘机宣传自己和公司。一时间，"鸽子事件"成了酷爱动物的纽约人乃至全美国人关注的焦点。就这样，这家碳化钙公司的摩天大

王牌八
营销渠道——拓宽市场，潜心挖掘潜在客户

楼一夜之间就变得全美闻名，并且给公众留下了非常好的印象。而且最重要的是，公司付出的宣传费用仅仅是两通电话的电话费。

企业能通过一个事件获取成功，靠的就是他们营销自己的意识，他们时刻准备着将自己的企业推销出去，让人们对自己印象深刻，所以当这些鸽子呈现在自己面前的时候，一个好的点子也就应运而生。

事实上，真正懂得营销真谛的人，比拼的是创意。像这家碳化钙公司所进行的这种极具创意的宣传方式，就要比那些拿着平庸的广告创意，花重金在黄金时段打广告，靠疲劳式轰炸强行让消费者了解自己产品的宣传方式要高明得多了，因为两者在吸引消费者眼球的成本和效率上，实在不可同日而语。

在NBA篮球史上，再没有比乔丹更辉煌的人了。如果没有他，世界上的篮球迷至少会少一半，要知道有多少人是冲着他而奔向球场和坐在电视机前观看篮球赛的。而这位伟大的巨人，却是耐克公司一手"制造"的，而与此同时，这位巨人也与耐克创造了无限的商机，成就了耐克的辉煌。

1984年，耐克与乔丹签订了一份5年期合同，给乔丹的条件中包括赠予耐克的股票，以及以前所未有的礼遇，而耐克公司则得到了在耐克运动鞋上使用乔丹的名字的允诺。几乎所有的人都认为这是傻瓜才干的，乔丹只不过是一个代言人而已。但耐克坚持这样做，乔丹对耐克的影响是巨大的。乔丹身上凝聚了活力、声望、高超的竞技水平和令人振奋的体育精神，他的分量超过了耐克理想中的任何标志。耐克借助乔丹创造了新品牌"air jordan"，生产五颜六色的篮球鞋和配套的服装。

"air jordan"既是成功的广告战役，也是品牌战的胜利，在第一年销售量就高达1亿美元。随着美国职业篮球赛深入世界球迷的心，乔丹为耐克所做的广告风靡一时。耐克公司生产的"麦克尔·乔丹气垫鞋"更是频频露面，随着乔丹驰骋在万人瞩目的篮球场上，销售更是直线上升。

后来，每当NBA芝加哥公牛队出场参加比赛时，人们都会发现，这些运动超人头戴耐克帽身穿耐克服，仿佛不经意间，换上了一双印有红白相间醒目商标的耐克运动鞋。这些人有："飞人乔丹""恶汉罗德曼""板寸头皮蓬"……结果，自然是公牛队大获全胜，这早就在人们的意料之中。

耐克的广告随着公牛队的获胜和乔丹的成名，势不可当、风行全球，而且像流行歌曲一样，令人上瘾，人们一再期待他的出现，一段时间内见不到还引来了抗议。可见，耐克公司"借鸡生蛋"，以运动明星来做产品广告宣传的战略确实取得了极大的成功。耐克总经理菲尔·耐克也因此被称为"体坛最具有权势的人"。

著名营销实战专家张冰曾说过这样一句话："明星效应是营销的好方法，使用明星代言的最大好处就是能让该代言人的个人特性投射到产品中来，形成差异化，利用该代言人对目标消费者的影响力来提升品牌的形象和影响力。"

这个世界上，比追星族们更加缺少理智的恐怕不多。明星本人在其"粉丝"群中的影响力是不言而喻的，再加上人们普遍拥有"爱屋及乌"这一情感，那些明星的"粉丝"们也就自然而然地对那些明星代言的产品有了特殊的好感，甚至把购买明星代言的产品当作是追星的手段。聪明的营销经理，总会想方设法寻找各种机会，让自己的产品深入人心，他们用明星成就着自己的销售渠道，同时，也让自己的品牌成为明星身上最闪耀的光环。

无论是靠创意，靠砸钱，靠明星效应，还是靠其他任何一种方法，吸引消费者的眼球，让消费者了解你的产品，记住你的产品都是你赢得营销大比拼的唯一方式。只有把这一点当作营销时的唯一前提，企业的营销行动才有可能取得良好的效果。

热情服务，顾客也会帮你营销

最精明的营销人员，必然懂得在销售过程中展示热情的重要。让自己的销售人员充满热情，必然可以吸引更多消费者的注意，并且人们也愿意与他们进行接触；让自己的产品宣传充满热情，这样才能让人们留下更深刻的印象；让企业的品牌充满热情，才能让人们最终忠诚于这个品牌的产品。

"顾客就是上帝"这一观念至今已成为许多商家的信条和经营"法宝"。日本日立公司广告课长和田可一曾说过："在现代社会里，消费者就是至高无上的王，没有一个企业敢蔑视消费者的意志。蔑视消费者，一切产品就会卖不出去。"从这个意义上来说，顾客的确是商家命运的主宰。然而，从公共关系的角度来说，仅把顾客看为上帝远远不够。从某种意义上说，顾客既是商家的"主宰"，也是商家的朋友。

　　与顾客交朋友，首先要考虑顾客的利益，以诚恳的态度赢得顾客的赞赏，了解顾客的需要，赢得顾客的信任；与顾客交朋友，还要体现在关心和体贴顾客方面，使买卖双方不局限于一种商业关系，还要有"人情味"，使顾客感到亲切，购物时能得到一种精神上的满足。

　　有一位顾客，曾讲述过她的一次购货经历与感受。她当时想买一辆小轿车，来到第一家车店中，由于店员不以为然，竟遭到了冷遇，她转身便离去了。进入第二家车店，店员十分热情地接待了她，并向她仔细介绍了各种型号轿车的功能和价格，使她感到特别满意。当她偶然谈到那天是自己的生日时，这位店员马上为她送来一束鲜花，并祝她生日快乐。当时，这一举动使她深受感动。于是，她便果断购买了那位店员向她推荐的黄色轿车。

　　这位店员是成功者，一束鲜花打通了买卖双方心灵的桥梁，使商店里充满了温馨，使原本平淡的销售过程转变成了一次温馨的情感之旅，顾客产生了信任感，买卖自然马到成功。

面对这样的情形，相信任何人都不能拒绝。面对第一家商店，即使你本来觉得他们的东西不错，最后也会打消购买的念头；面对第二个商店，即使你也许不是很满意他们的产品，相信在这种状态下，也会改变自己的主意。而这就是热情的秘密所在，当营销人员懂得让消费者感受到来自自己的人情时，也就为产品销售，拓展出更宽的渠道。

作为企业经营者，不要仅仅想着如何将顾客兜里的钱，掏到自己口袋里。那样只会给顾客留下功利的印象，甚至对一个企业、一个品牌产生反感。让自己的营销方式适当变得更"温情"一些，销售的成就也就会更理想一些。

美国肯德基能在中国风靡一时，在于它独具一格的服务手段。肯德基只卖炸好不久且热乎酥脆的鸡，不合要求的鸡宁可扔掉，也绝不向顾客兜售。有一次，一位女士买了一只鸡腿，她并没在意鸡腿是凉的，然而服务员小姐却主动为她换了一份热的，并向她赔礼道歉。这位女士事后说："只吃这服务也很合算。"

事情不管大小，一声问候、一次微笑、一个动作，都能体现出为顾客着想的意识，也能获得顾客的理解与支持。

"王三多"家住重庆能投集团松藻煤电公司，他从小个矮，体弱多病，父母怕他到煤矿干不了重体力活，于是就让他学了一门修补手艺，修钟表、修打火机，旁边再摆一个凉水摊，好补贴一家人的生活。

就这样"王三多"开始了自己的小本经营。在20世纪80年代,这样的工作每天收入虽然不多,但也能勉强维持3口之家的温饱。可是随着市场经济的发展,买一个新打火机只需8角钱,买一个电子手表也只需5-20元,自然他的维修手艺也就无市场了。于是"王三多"盯准了市场动向,将生意转向了卖金鱼、乌龟、鸟笼、鱼竿等小本生意,经营10年来,前景十分的好!而他成功的原因,就是因为对顾客非常热情。"王三多"明白,做生意成功与否关键是人们的认可度,当人们接受了你这个人和你的服务项目,那么你的产品就有客户,就有市场。

因此,在经营过程中,"王三多"很注重与顾客的交流和感情培养。不管顾客年龄是大是小,熟悉与否,当你来到他的摊点,他总会热情主动地问你需要买什么?买金鱼、乌龟、鸟笼、鱼竿的目的是干啥?是自己所需,还是送给他人,他都能根据顾客年龄的大小、需求推荐买什么更适宜。

与此同时,在"王三多"的摊点旁还有一家水果摊,一家福彩售票点,来往的人特别多。闲暇的时候"王三多"总能根据时令、年龄为顾客推荐哪种水果更适合你,参谋如何提高福彩中奖率……时间一长"王三多"自然成了顾客的大哥哥、知心朋友和参谋。随着人缘关系的横、纵发展,他的小生意一天比一天好,钱袋子一天天地见长。

成功地服务顾客,首先在于如何善待顾客,使他们对所提供的服务感到满意。在目前的市场状况下,商店越来越多,竞争越来越激烈,如果服务不周就有被淘汰的可能。因此,热情为顾客服务,顾客就会给你带来滚滚财源。

做好售后,赢得最忠实的客户群体

销售产品,不要认为只要把产品卖给客户就万事大吉了,完善的售后,也同样是销售的一个重要环节。现在社会信息传递非常快捷,服务上的任何瑕疵,都会被无限扩大,在社会形成反响后,必然会影响到产品的销售。为了避免这种情况的发生,就要把产品的售后服务作为一项重要的工作来完成。

在激烈的市场竞争中,完善的售后服务不仅是企业维护客户之根本,也可以说是抢夺市场重要的法宝之一。售后服务良好的品牌,人们必然对它有更多的信赖,它的销量必然会逐年攀升,相反,如果一个产品在售后方面出现问题,人们的怀疑就会影响对这一产品的购买,这一品牌最终甚至会为市场所淘汰。

售后服务本身同时也是一种促销手段。在追踪跟进阶段,老板要带领推销人员采取各种形式的配合步骤,通过售后服务来提高企业的信誉,扩大在社会所形成的影响,以此提高产品的市场占有率,提高销售工作的效率及效益。

小李现在是一家公司的业务经理,负责整个公司复印机销售与服务工作。从大学毕业后就一直从事关于复印机的销售工作,转眼就是7年。在这7年中,从修理复印机的助理员晋升到销售部经理,对他来说,并不是一件容易的事!而他所依靠的就是自己真诚的服务与对工作的热情。

小李在学校读的是机械专业,之所以选择进入这家公司,只是抱着对机器维修的一份热情与喜爱。他从小就喜欢拆拆拼拼,不知道已经拆坏了多少东西。但是。这拆拆拼拼的过程使他渐渐对机器维修产生了兴趣。

抱着这种想法进入公司,开始认真地学习修理复印机技术。经过累积,他在维修机器方面已经有了很高的水平,客户的复印机出问题都找他修理。他待人和气,自然也就赢得了客户的好感,逐渐地,许多老客户都主动地为他介绍新客户。因为他不是销售员,报价时总是尽量为客户争取最佳价格,客户只要一对比就知道他所提供的价格最合理,于是他的销售业绩因此逐渐地拓展开来,最终还让他获得了"年度销售总冠军"的头衔。在公司内部受到了上司和同事的肯定,同时更赢得了客户的认同。

有人向他询问这段无心插柳柳成荫的经历,他总会微笑着告诉对方说:"其实最好的销售就是服务。"他一路走来,几乎没有主动去拜访过客户,大部分业绩都是在自己为客户服务的过程中,别人介绍过来的,一传十,十传百,最终自己渐渐在行业里有了好的口碑,渐渐也就有了好业绩。面对众多客户各种各样的问题,他有时感到十分忙碌而且疲惫,但心中却充满希望和成就感。他知道，每一次为客户提供服务，都是展示自己，为自己赢得更多业绩的机会，本着这样的态度去提供服务，用这份热情灌输到自己的工作之中，他的业绩始终保持在不断增长的状态。

与其说小李的成功是因为他的运气好、人缘佳，还不如说他是因为努力、踏实而且运用了正确的方法。在现代社会中，企业越来越讲究服务品质。在相互竞争中，除了商品价格的竞争以外，贴心的服务也成为大家所关注的方面。更多更好的售后服务，不仅会增加客户对产品的信心，还会吸引客户第二次消费与主动推荐。例如，婚纱摄影礼服公司从拍照、摄影、礼服、车辆到结婚事项从头到尾的一条龙服务；汽车销售员除了卖车之外，保险、理赔、拖吊、维修、保养、改装，一应俱全，甚至连验车都服务到家，这些都是由竞争所带动起来的全面服务。

企业在向客户推销产品时，除了销售的产品好以外，企业服务人员服务的态度与专业的能力是最重要的一环。培养自己的服务意识，提高自己的服务品质，才能让自己的产品在社会上赢得更好的口碑和市场。

以下列出一些基本的售后服务所包括的内容，以供营销人员参考。

1. 送货到家服务

对于一些大件产品来说，货品的搬运就成为顾客购买产品必须考虑的问题。作为售后服务，提供便捷的运输，就成为他们不可推卸的一个职责。即使企业没有承担运输的能力，以热情去分担消费者的忧愁，也同样可以赢得对方的认可。

某客户来到一家商店，被一套整体厨具吸引，决定付款买下这套厨具。由于客户家住市郊，又没带运输工具，向销售人员打听店里是否送货时，销售人员冷冷地回答说："我们哪里管这种事！"一句话打消了他购买的念头。

针对一些大件商品，都会存在搬运的问题，销售人员和经销商必须对这一问题有所考虑。如果缺少这一环节，像上述案例中的现象就会时常发生，势必会最终影响产品的销售。

2. 质量保证服务

质量是产品售后服务的核心。任何产品在购买的时候，大多是不能检验的，有保障的质量，就成为客户选择品牌的一个重要考虑因素。

针对这种实际情况，企业的生产技术人员首先要保证自己能生产出质量完全可靠的产品，这样才能最大程度地减少质量问题的出现。同时，企业还要及时提供商品质量保证服务，客户在产品质量出现不如人意的问题时，能够及时得到检修或予以退换。这种售后服务可以弥补由于个别质量事故造成的客户抱怨和舆论压力。

3. 网点维修服务

提供分布各地的网点维修，是售后服务的一个重要内容。

著名的奔驰汽车公司仅在德国各地就设有89个分厂，1244个维修点，约有6万多名员工从事维修和保养工作。

据该公司的统计调查，车子出了故障，客户不出28千米就可以找到公司设立的维修点。如果车子抛锚，只要给附近的汽车维修站打个电话，维修点就会马上派车来维修，随到随修。

奔驰汽车公司在世界各地180多个国家和地区设有3800多个维修点，负责销到海外市场的车辆的维修。

从奔驰的案例中，我们可以看出，产品的售后服务工作在整个企业经营中所占的比例，为了使自己的客户获得最有保障的服务，他们提供了大量的人力、物力。客户在这里所购买的不仅仅是产品那么简单，更是一份有着充分保障的服务。

总而言之，售后服务的完美无瑕，会使客户产生强大的信任感，企业也因此可从中获取更多利益；相反，卖出商品后便不闻不问，置之不理，只是拼命地再找新客户，那只能事倍功半，新的客户不容易挽留，老的客户也会因此而流失。

针对营销需求，设计营销渠道

这是一个流行"个性"的年代，如果你的产品不足以展示出足够的个性，那恐怕就很难挽留顾客"挑剔"的眼光。作为企业经营者，必须要对市场进行细致的分析，这样才能确保自己最大限度地满足消费者的需求。

拥有一块市场并不是很难的事情，如何保住自己的市场，才是让更多营销人员头疼的问题。

消费者数量众多，其需求往往千差万别，企业不可能用一种产品或服务吸引所有顾客，满足他们的需要。企业的一种产品，可能会被消费者所接受，但同样也会很快遗忘。为了能确保企业的产品长盛不衰，这就要求企业对市场进行调研预测，在此基础上对市场进行细分，再充分了解各个细分市场，才能做到最大程度地满足顾客的需求。同时，又要能不断地对市场情况进行观测分析，并对自己的品牌进行调整，这样才能确保自己的产品能够在市场上保持长盛不衰。

在20世纪90年代，碳酸饮料在市场上盛行，汇源公司开始专注各种果蔬汁饮料市场的开发。作为国内第一家大规模进入果汁饮料开发的企业，其先进的生产设备和工艺是其他小作坊果汁饮料厂无法比拟的。"汇源"果汁的出现，充分满足了人们对营养健康的需求，凭借其100%纯果汁的宣传，和令人眼花缭乱的新产品开发，在短短的几年时间里，就取得了不错的业绩，跃升为中国饮料工业十强企业。其产品线也先后从鲜桃汁、鲜橙汁、猕猴桃汁、苹果汁扩展到了野酸枣汁、野山楂汁、木瓜汁、蓝莓汁、酸梅汤等。应该说，对果汁饮料行业进行广度的市场细分，是汇源能在果汁饮料市场竞争中取得领导地位的成功关键。

但当1999年统一集团涉足这一市场后，一切就发生了变化。2001年统一仅"鲜橙多"一项，销售收入就接近10亿元，在第

王牌八
营销渠道——拓宽市场，潜心挖掘潜在客户

四季度，销量已超过"汇源"果汁。在此同时，其他品牌也纷纷进入，可口可乐、百事可乐、康师傅、娃哈哈等纷纷杀入果汁饮料市场。一时群雄并起、市场上硝烟弥漫。

2002年第一季度，根据中华全国商业信息中心的统计显示，"汇源"果汁销量同样排在"鲜橙多"之后，"鲜橙多"和康师傅的"每日C"已抢占领先地位，可口可乐"酷儿"也表现优异。"汇源"果汁的处境已是大大不利。尽管公司把这种失利原因归结为包装线的缺失和广告投入不足，但产品没有及时跟上时代的变换，仍是市场竞争失败的主要原因。

在果汁饮料市场，汇源能够取得成功，在于他能抓住这一细分市场。当大家都没有注意到这一市场存在的时候，他就已经大胆上规模，用技术，最终将一些小作坊抛在脑后。在汇源取得胜利之后，却停步不前，他没有对这一市场进行更加仔细地分析，也没有预测到未来的变化。最终缺乏应对，拱手把自己的江山让给了别人。

市场细分主要是从不同顾客需求的差异性出发，按照一定标准将整体市场划分为若干子市场，从而确定更为精准的企业目标市场。对消费对象进行更为客观的分析，也就为自己的产品销售赢得了更多的空间。细分市场表面上看可能是非常狭窄的，甚至是不起眼的，但充分挖掘，最后也可能是一片蔚蓝的天空。

2005年，国内最大在线旅行网站——携程旅行网，通过分析得出：行军式组团旅游模式无法适应现代消费者需求，已开始在

市场中失宠，休闲性更高的深度自由行、自驾游将受到游客青睐。因此他们果断在自己的产品推介当中增加了相关服务产品的宣传，最终取得了非常不错的市场反响和营销业绩。

携程旅行网通过统计数据进行更深一步地分析。他们发现，观光式旅游和休闲度假仍是春节出游的主格调，休闲景点继续受宠，传统景点以提供休闲游为主。休闲度假人数呈迅速上升趋势。据携程旅行网度假产品部介绍，崇尚休闲度假的旅游者一般都是每年外出旅游频率较高，有着一定旅游经验的人士，以北京、上海、广州、深圳等大城市的旅游者为主。相比其他旅游者，他们对旅游的需求相对更高。通过分析，他们更加明确了自己的消费对象。

相比"五一"、"十一"长假，春节历来是组团出游比例较高的一个长假。根据携程旅行网的预订状况分析，春节选择自助出游的人次大幅增加，预订人次同比2004年翻了近2番。其"自由行"产品综合了组团出游的低花费和自助游的自由、随意性，因此，自从面世以来，日益受到旅游者青睐，尤其是长线游的游客。

市场形势日新月异，需求变化多端，这就要求企业老板不仅要着眼于现在，更应关注未来。企业经营者应充分利用各方面的宏观信息，把握形势、掌握规律、审时度势，对市场特别是目标市场作出科学有效的预测，才能使自己企业的经营做到有的放矢。

市场预测是关于市场未来状况的预报和推测，它是在市场营销调研基础上，分析研究各种数据、资料和信息，运用科学的方

王牌八
营销渠道——拓宽市场，潜心挖掘潜在客户

法技术，探讨供求趋势，预报和推测未来一定时期内供求关系变化的前景，从而为企业的营销决策提供科学依据。

经济全球化进程的加快，为企业发展带来了更多的机遇，同时，也带来了更多的挑战，每个企业都想要获取自己的一份市场份额。这就需要他们能够瞄准特定的目标市场和消费群体，从而领先竞争对手获得更大的商机。同时又要能对市场形势进行持续的关注，才能使自己的经营立于不败之地。